10 Lições sobre
WALTER BENJAMIN

Dados Internacionais de Catalogação na Publicação (CIP)
(Câmara Brasileira do Livro, SP, Brasil)

Franco, Renato
  10 lições sobre Walter Benjamin / Renato Franco. – Petrópolis, RJ : Vozes, 2015. – (Coleção 10 Lições)
  Bibliografia

  1ª reimpressão, 2019.

  ISBN 978-85-326-5048-1

  1. Benjamin, Walter, 1892-1940 – Crítica e interpretação 2. Benjamin, Walter, 1892-1940 – Lições 3. Filosofia alemã 4. Filosofia moderna I. Título. II. Série.

15-04401   CDD-193

Índices para catálogo sistemático:
1. Filosofia alemã 193

Renato Franco

10 Lições sobre
WALTER BENJAMIN

EDITORA
VOZES

Petrópolis

© 2015, Editora Vozes Ltda.
Rua Frei Luís, 100
25689-900 Petrópolis, RJ
www.vozes.com.br
Brasil

Todos os direitos reservados. Nenhuma parte desta obra poderá ser reproduzida ou transmitida por qualquer forma e/ou quaisquer meios (eletrônico ou mecânico, incluindo fotocópia e gravação) ou arquivada em qualquer sistema ou banco de dados sem permissão escrita da editora.

CONSELHO EDITORIAL

Diretor
Gilberto Gonçalves Garcia

Editores
Aline dos Santos Carneiro
Edrian Josué Pasini
Marilac Loraine Oleniki
Welder Lancieri Marchini

Conselheiros
Francisco Morás
Ludovico Garmus
Teobaldo Heidemann
Volney J. Berkenbrock

Secretário executivo
João Batista Kreuch

Editoração: Flávia Peixoto
Diagramação: Sheilandre Desenv. Gráfico
Capa: Sheilandre Desenv. Gráfico
Ilustração de capa: Studio Graph-it

ISBN 978-85-326-5048-1

Editado conforme o novo acordo ortográfico.

Este livro foi composto e impresso pela Editora Vozes Ltda.

AGRADECIMENTOS

Agradeço ao Prof.-Dr. Bruno Pucci, pelo estímulo e amizade.

Agradeço enfaticamente ao amigo Prof.-Dr. José Pedro Antunes pela leitura atenta do original e pelas sugestões apresentadas, as quais muito contribuíram para que o autor eliminasse algumas formulações francamente desajeitadas.

Agradecimento especial a Débora C. Carvalho, por muitas razões.

Sumário

Introdução, 9

Primeira lição – Vida e obra, 15

Segunda lição – Itinerário intelectual: 1919-1925, 25

Terceira lição – Teoria da Alegoria, 33

Quarta lição – Vanguardas artísticas e política, 45

Quinta lição – Rumo à crítica materialista da cultura, 55

Sexta lição – Experiência, narração, 67

Sétima lição – Experiência e vivência: choque e modernidade, 77

Oitava lição – Arte e técnica: fotografia e cinema, 87

Nona lição – O cinema e a liquidação da arte aurática, 97

Décima lição – Tempo e história: para interromper o curso do mundo, 107

Referências, 119

Introdução

Um problema prévio se coloca para quem pretende expor ou comentar a obra do filósofo ou crítico – como ele mesmo se considerava –Walter Benjamin[1]. Como expor sem violência obra tão original, de múltiplas facetas, que se retira deliberadamente do território consagrado da filosofia? Além disso, sua vida é demasiadamente atraente ao historiador ou ao crítico cultural, já que ele viveu de modo atribulado, tendo experimentado toda sorte de infortúnios e dificuldades materiais em época turbulenta, na qual o terror da barbárie fascista predominou. Ele o combateu com vigor até a morte, já que se suicidou na fronteira da França com a

---

1. Walter Benjamin nasceu em Berlim em 15 de julho de 1892 e morreu em 29 de setembro de 1940 na fronteira da França com a Espanha, ao tentar fugir da perseguição nazista. De origem judaica, filho de comerciante bem-sucedido, foi viajante inveterado e se exilou na França após 1933. Cultivou a filosofia, a crítica literária, traduziu Baudelaire, Proust e Aragon para o alemão. Escreveu ensaios célebres, peças radiofônicas e artigos para jornais e revistas literárias. Colaborou com a *Zeitschrift für Sozialforschung*, revista do Instituto de Pesquisa Social de Frankfurt, tendo sido amigo de Theodor Adorno, B. Brecht, G. Scholem, E. Bloch, S. Kracauer, entre outros. Era primo de Hanna Arendt.

Espanha, na paisagem inóspita dos Pireneus, a fim de evitar cair prisioneiro e conceder assim ao inimigo o domínio sobre seu corpo – modo de infligir por vez derradeira ao inimigo um dano, um último ataque? Tal vida, condimentada com as aventuras de muitas viagens e com a experiência dolorosa do exílio, se presta ao relato romanesco – como fez Jay Parini no romance *A travessia de Benjamin*. Ou à tentação de caracterizá-la filosoficamente como resultante de uma excentricidade, de uma personalidade *sui generis*, como encontramos delineada sua figura, obra e vida na análise efetuada por sua prima Hanna Arendt. No polo oposto sempre há a tentação de, ao sabor das preferências políticas ou ideológicas, encontrar em sua obra e itinerário intelectual motivo para celebrar sua adesão ou conversão ao materialismo, prova de suposta superação e abandono do idealismo ou da teologia cultivada no período de formação – que se prolonga em ataque à compilação de sua obra por parte do amigo Theodor Adorno.

Esta pequena – e verdadeiramente modesta – introdução ao pensamento e obra de Walter Benjamin tem a ambição de evitar tais posturas. Ela evita tanto uma como outra. Sua pretensão é a de se referir o menos possível à vida do filósofo e crítico; em contrapartida, almeja acompanhar sua trajetória intelectual, analisando as principais obras e conceitos, de modo a possibilitar ao estudante um esclarecimento preliminar sobre seus procedimentos, temas, itinerários. Seria ganho adicional considerável se esta pequena introdução lograsse incentivar a leitura de suas obras.

Esse esclarecimento busca respeitar a natureza e a originalidade de sua obra, advertindo desde já ter ela um caráter anticonvencional – por isso mesmo desafiador. Por exemplo: seus conceitos procedem de um edifício filosófico, embora se esquivem de uma categorização filosófica rigorosa. Seu pensamento se deixa atrair ou conduzir pelo marginal, pelo detalhe insignificante, dedicando-se concentradamente e sem violência a captar e decifrar as anomalias, os imprevistos, os aspectos desprezados dos objetos ou acontecimentos cotidianos. Na reflexão filosófica, lança mão de recursos pouco tradicionais ou comuns, como o uso de expressões alegóricas ou de formulações metafóricas, fato que redunda em uma expressão filosófica fortemente imagética. Sua natureza ensaística favorece a agitação interna dos conceitos, bem como a recusa (quase) metódica da unilateralidade, que confere uma dimensão dialógica a ela.

Muitos de seus críticos e estudiosos de sua obra, assim como muitos de seus amigos – dentre os quais se incluem Ernst Bloch, Gershon Scholem, Bertold Brecht, Theodor Adorno – reconhecem nele uma enorme dose de originalidade, no sentido forte do termo. Ernst Bloch, por exemplo, afirma "ele pensa de modo surrealista", tendendo no mais das vezes a desenvolver a reflexão a partir de um ponto ou aspecto inesperado; Adorno afirma que conversar com ele era gratificante porque a gente se sentia "como uma criança que distingue, por entre as frestas das portas, as luzes da árvore de Natal".

Sua obra se estrutura de modo algo surpreendente, já que sua original filosofia da linguagem, embora aparentemente não desenvolvida, de fato fornece ao conjunto dela uma espécie de referência constante em relação à qual os conceitos adquirem vivacidade e movimento, apontando ainda para uma espécie de relação invisível ou subterrânea entre eles, mesmo quando se referem a objetos distintos ou aparentemente díspares. Esse movimento interno de seu pensamento faz com que conceitos de extração metafísica ou de determinado campo filosófico apareçam mais tarde em outro contexto, como no interior de uma reflexão materialista, a qual ele dirigiu seu pensamento a partir de 1925. Essa permanência algo surpreendente confere à sua obra certa continuidade, mas não uma continuidade qualquer, linear: antes, uma sorte de continuidade que assimila saltos bruscos, movimentos inesperados, exasperantes, propriamente dialéticos, de nervos tensos. Tal aspecto desafia seus leitores.

Um exemplo: o conceito de alegoria, elaborado no combate à estética tradicional baseada no símbolo é fonte de muitas confusões, já que, configurado no âmbito da literatura e da arte barroca, é retomado posteriormente com o intuito de esclarecer o sentido oculto das imagens contidas na poesia de Charles Baudelaire – justificando assim a arte de vanguarda – e nas análises da cultura material do capitalismo na segunda metade do século XIX, no interior do projeto do livro inacabado, a obra *Passagens*, em que tal conceito se revela como categoria filosófica. Além disso, os conceitos adquirem significados móveis quando entrelaçados em "constelações" e/ou "imagens dialéticas" "saturadas de tensões".

Seu pensamento é também original no tocante aos temas e assuntos: como poucos, esse intelectual desgarrado, nômade, típico da modernidade capitalista, foi capaz de identificar nos aspectos desconsiderados pela maior parte dos pensadores as questões mais candentes e significativas de nossa época. Por isso, a leitura de sua obra é também desafiadora em outro sentido: ela parece iluminar de maneira fecunda e surpreendente nossa própria experiência histórica, além de continuar a iluminar os compromissos teóricos e políticos em que estamos, de um modo ou de outro, envolvidos. Sem exagero, é possível dizer que ela se converteu na referência privilegiada de todo intelectual ou estudioso que almeje esclarecer materialistamente o universo da produção cultural contemporânea, inclusive porque, como poucos, ele soube equacionar as questões complexas referentes às transformações tecnológicas na atualidade.

Primeira lição

Vida e obra

Walter Benjamin era em geral discreto quanto à sua vida particular, embora não escondesse o fato de se considerar um dos melhores escritores de sua geração. Atribuía essa condição à repulsa em pronunciar a palavra "eu" ou a falar sobre si mesmo. Apesar dessa postura, não se furtou à tentativa ousada de elaborar um livro dedicado à recuperação de imagens infantis, façanha levada a cabo em um livro composto de aforismos e textos curtos: *Infância berlinense: 1900* (1938). Nele relembra o próprio passado, buscando recuperar as emoções infantis soterradas pelo tempo, a fim de entender a formação de sua identidade, construída quase sempre em oposição ao mundo da grande burguesia, no qual conheceu as primeiras experiências. Em um dos textos, o aforismo "Atrasado", lembra uma experiência marcante, que revela seu desassossego no ambiente escolar e, sobretudo, sua sensação de deslocamento ou de anonimato: ele chega atrasado à aula, mas o professor e os demais alunos não parecem notá-lo: "E eu, para entrar, profanei meu dia a nascer. Ninguém parecia conhecer-me, nem mesmo ver-me. [...] O professor reteve o meu nome [...] eu já não ia ser chamado" (BENJAMIN, 2013, p. 80). Conclui o texto com uma anotação dolorosa: "Mas não havia nisso nada de reconfortante". Estranho prenúncio de sua sorte: seu túmulo em PortBou, na fronteira da França com a Espanha, onde se suicidou fugindo da perseguição nazista em 29 de setembro de 1940, não foi identificado, como "se não chamassem seu nome". Chegar atrasado ou adiantado será uma das características de sua vida. Exemplo precoce disso: o hábito de andar sempre atrás de sua mãe, retardando o passo. Essa sensação será reforçada por outra, anotada em *O anãozinho corcunda*, que veio contribuir para o sentimento de inadequação e de não adaptação à realidade social capitalista:

> Foi minha mãe que me disse: "Já chegou o desastrado". Agora entendo o que ela quis dizer. Referia-se ao anãozinho corcunda que tinha olhado para mim. Aqueles para quem ele olha não dão atenção ao que fazem [...]. Ficam encavacados diante de um monte de cacos (BENJAMIN, 2013, p. 114).

Nesse livro aborda também motivos que o levaram a privilegiar certos temas ou assuntos em sua obra. Em *As cores* afirma: "Dessa paliçada brilhante saltaram um dia as cores para os meus olhos, e ainda hoje sinto a doçura que nessa altura os saciou. Era a doçura do chocolate que fazia as cores desfazerem--se-me mais no coração do que na língua" (BENJAMIN, 2013, p. 108). Tal atração o estimulou, em 1915, a refletir sobre elas, com o propósito de contestar o conceito kantiano de experiência, que identificou como originário das ciências positivas. Ou a se interessar pela expressão plástica popular, como ocorre no ensaio *Eduard Fuchs, colecionador e historiador* (1937). Em outro aforismo do livro citado, intitulado *Varandas*, associa as recordações infantis aos pátios que frequentou, pois estes continham a "fórmula mágica que levaria a que o ar desses pátios permanecessem sempre um encantamento para mim" (BENJAMIN, 2013, p. 70), acrescentando sentir um prolongamento dessa atmosfera nos vinhedos de Capri – "onde um dia abracei a amada" –, para, por fim, relacionar essas lembranças ao "ar que respiram as imagens e alegorias que dominam meu pensamento" (p. 70). Nesse movimento o adulto descobre, nas atividades e experiências da criança, o filósofo e historiador materialista – embora esses também revelem a criança.

Em *Infância berlinense: 1900* e *Rua de mão única* (1928) valoriza a percepção infantil, destacando-lhe o potencial crítico, uma vez que para a criança, por exercitar uma mimese ativa, conhecer é agir. Dessa valorização decorre ainda uma de suas preferências constantes: foi apaixonado por livros infantis e também por brinquedos, dos quais se fez um colecionador. Ao folhear os livros com rapidez, pressentiu o movimento das imagens; nos brinquedos percebeu o projeto de civilização neles embutido. Para ele, o brinquedo deveria estimular a imaginação, não tolhê-la. A reflexão sobre a formação infantil adquire assim contorno ferozmente crítico por registrar o que se perdeu nesse processo social propriamente burguês, iluminando negativamente o adulto por ele conformado. A reconstituição da infância, a contrapelo, implica o desvelamento do processo brutal de adaptação à sociedade capitalista, que tampouco sai ilesa de tal movimento reflexivo.

Sua vida escolar não foi agradável nem produtiva. Em muitas ocasiões, foi francamente difícil e constrangedora, seja pela experiência da perda da individualidade em meio à massa de alunos, seja pela postura de alunos e professores que frequentemente não valorizavam o menino propenso a doenças. Tampouco se sentiu atraído pelos procedimentos ritualísticos adotados nos colégios alemães. Como filho de família judaica pertencente à alta burguesia alemã, teve inicialmente professores particulares, só passando a estudar em colégios públicos em 1902, com aproximadamente 10 anos, não tendo concluído o ensino básico senão dez anos depois, em 1912. A vida escolar instável o levou a se aproximar de Gustav Wyneken, adotando seu projeto de reforma do ensino na Alemanha. Estimulado pelo pedagogo, entrou para o "Movimento da Juventude", do qual veio a ser um dos militantes mais aguerridos, viajando e divulgando a luta da juventude alemã por uma nova educação, capaz de conceder liberdade radical aos estudantes, longe da tutela de pais ou professores. Em 1990, um de seus biógrafos, Bernd Witte, sustenta ter Benjamin pretendido nessa época transformar a sociedade por meio de uma revolução cultural.

Benjamin rompeu com Wyneken no início da Guerra Mundial, em 1914, por ter este estimulado seus seguidores a apoiar o nacionalismo e o conflito. Nessa ocasião, também o sionismo se torna questão candente para o filósofo e seus amigos de origem judaica, mas recusa-se a encará-lo como movimento político, tratando-o como movimento cultural. Nos dois casos desponta uma postura que marcará sua vida e obra: a recusa tanto da politização do movimento da juventude quanto do sionismo, que posteriormente implicará a defesa do intelectual autônomo, independente, que deve ser o único responsável por seu pensamento e ação. Essa postura impedirá tanto a prometida adesão ao Partido Comunista, no final da década de 1920, quanto a aceitação do convite de Gershon Scholem – a quem conheceu em 1915 e com quem cultivará uma amizade para a vida toda – para se tornar professor na Universidade de Jerusalém. Muitos dos estudiosos de sua obra menosprezam esse aspecto, preferindo antes – como fazem Scholem e Hans Mayer – associar tal postura à sua tendência a hesitar ou postergar decisões, quando não atribuí-la ao suposto isolamento a que teria sido relegado depois da fracassada tentativa, por volta de 1924, de seguir a carreira docente, por mais que sua correspondência e suas relações pessoais eloquentemente atestem o equívoco da suposição. Convém lembrar que, em outra ocasião, ele tornaria a declinar da carreira docente, pois, assim como não aceitou o convite de Scholem, também recusou o convite formulado por Eric Auerbach para ser professor na Universidade de São Paulo, que estava sendo criada.

A participação no Movimento da Juventude estimulou-o a redigir alguns de seus primeiros textos, como *A metafísica da juventude* (1914) e *A vida dos estudantes* (1915). Neste último desponta tanto uma crítica de caráter anarquista à família e à sociedade quanto a configuração do que deveria ser a tarefa dos estudantes: lutar pelo estabelecimento de uma comunidade de homens criadores. A visão elitista e algo religiosa, messiânica, se confunde com o estabelecimento de uma concepção de crítica associada a uma filosofia da história, no âmbito da qual seu objetivo se delineia: "libertar o futuro daquilo que hoje o desfigura". A atração pela questão do tempo – a qual implica ainda a análise e a crítica do mito, como ocorre em *Destino e caráter* (1919) – e pela filosofia da história permanecerá constante, tendo alimentado até seu texto derradeiro, *Teses sobre a filosofia da história*, em que o futuro será pensado como o futuro do passado. Em 1919, na Universidade de Berna, elabora sua tese de doutorado *O conceito de crítica de arte no Romantismo Alemão*. Tinha por objetivo intelectual transformar-se "no maior crítico de arte e de literatura na Alemanha", objetivo que, em sua própria avaliação, terá conquistado ao "reinventar a crítica como gênero", desenvolvendo um modelo de crítica materialista da arte e da cultura depois de 1929.

Depois de 1912, estudou em várias universidades, embora quase sempre tenha se decepcionado com a vida e o ambiente acadêmico. Com certa arrogância juvenil, desprezou as aulas de alguns dos professores, como as do neokantiano Heinrich Rickert ou as de Heinrich Wolfflin na Universidade de Munique sobre arte barroca, muito embora o tema fosse do seu mais profundo interesse, fato que se torna evidente com a elaboração, entre 1923 e 1925, de *O drama trágico alemão* (também conhecido no Brasil como *Origens do drama barroco alemão*). Foi ainda aluno de Georg Simmel, com quem sentiu grande afinidade, dado o interesse deste pela vida e pela metrópole modernas – assunto fundamental de grande parte de sua produção a partir de 1928, principalmente do projeto daquela que seria sua obra principal e que, conhecida como *Passagens*, jamais foi concluída. Essa obra ficou sendo, inclusive, motivo de polêmica entre seus intérpretes, depois que Michel Espagne e Michael Werner (1986, p. 849-892) passaram a defender a tese, não aceita por muitos de seus pares, de que o projeto fora modificado pelo autor, tendo encontrado sua forma definitiva no livro *Charles Baudelaire, um lírico no auge do capitalismo*.

Com o início da Guerra Mundial, em 1914, Benjamin passou a enfrentar graves adversidades, o que se tornaria uma constante em sua vida. Foi terminantemente contra a guerra, posição igualmente adotada, na ocasião, por muitos de seus amigos. Dentre esses, no entanto, o poeta Fritz Heinle – com quem nutria forte amizade – e Rika Seligson optaram por um protesto radical, tendo cometido suicídio, fato que o abalou intensamente, sendo experimentado como uma espécie de catástrofe. Conheceu ainda enorme decepção com o fracasso de suas aspirações relacionadas com o Movimento da Juventude. Tampouco teve vida amorosa tranquila. Casou-se em 1917 com Dora Pollack, com quem teve um filho, que se chamou Stefan. Seu casamento, porém, fracassou, culminando em uma condenação judicial, que o obrigou a repor o dote da esposa sem que para tanto tivesse condições materiais. Não obteve sucesso amoroso com Asja Lacis, que conheceu em Capri em 1924 e por quem se apaixonou intensamente, sendo ainda recusado em suas pretensões por Jula Cohn. As dificuldades materiais sempre o acossaram, tendo de enfrentar enormes obstáculos para publicar seus textos. Foi ainda obrigado a abandonar sua biblioteca e se viu forçado a partir para a França, na tentativa de escapar da perseguição nazista. Em 1932, em uma viagem a Ibiza, cogitou em cometer suicídio. Já no final da década de 1930, ao redigir as *Teses sobre a filosofia da história*, pressentiu a iminência da catástrofe. Tendo retardado sua fuga da França ocupada, acabou atingido por ela ao tentar atravessar o posto de fronteira entre a França e a Espanha, que fora fechado poucas horas antes de sua chegada. Desanimado e enfraquecido, interrompeu o curso de sua vida.

Segunda lição
Itinerário intelectual: 1919-1925

Em 1919, concluída a tese de doutorado *O conceito de crítica de arte no Romantismo Alemão* na Universidade de Berna, Benjamin começa a buscar um objeto de estudo para sua tese de habilitação acadêmica. Segundo Witte (1990), longe de pretender seguir a carreira docente, ele desejava obter a habilitação com a finalidade de ostentar uma posição prestigiosa perante os pais, de modo a que seguissem-no sustentando "de uma maneira mais consequente", uma vez que sua situação econômica era preocupante.

Entretanto, a escolha do tema para a tese não foi tranquila. Antes da escolha definitiva, experimentou oscilações teóricas e políticas que o levaram, inclusive, a adotar algumas posturas conservadoras e a aproximar-se do teólogo Florens Cristian Rang, com quem manteve forte amizade e cuja morte, em 1923, exerceu nele forte impacto emocional. Embora tenha compartilhado as concepções de Rang por certo período, vendo nelas uma atualização "da secreta aliança germânico-judaica" que concebera com o poeta Fritz Heine, seu amigo na juventude, acabou por se afastar delas ao recusar-se a aceitar, como sugere Bernd Witte (1990, p. 81), as posições de Martin Buber sobre como os judeus alemães deveriam se integrar à sociedade. Divergindo de Buber, sustentou que "as relações entre judeus e alemães deveriam afirmar-se legitimamente de modo completamente diverso" (BENJAMIN, apud WITTE, 1990, p. 80).

Em 1923, em meio a essas turbulências e após algumas tentativas frustradas de lograr aceitação de sua tese de habilitação, como a realizada na Universidade de Heidelberg, dirigiu-se à Universidade de Frankfurt a fim de ali concretizar seu objetivo. Sua pretensão, a de se tornar o maior crítico da literatura alemã, o orientou na escolha do tema, fato que em alguma medida resultou da maturação de interesses anteriores. Ter escrito, por volta de 1916, sobre a filosofia da linguagem e sobre o *Drama trágico e a tragédia*, bem como sobre *O significado da linguagem no drama trágico e na tragédia*, foram passos fundamentais para a elaboração do novo trabalho. No início da década de 1920 redigiu alguns ensaios que também influíram decisivamente nessa opção, como é o caso de um estudo intitulado *O capitalismo como religião* (1921), com o qual nutriu a pretensão de escrever um livro sobre filosofia política. Nele, elaborou uma crítica ao sociólogo Max Weber (1864-1920), que estabelecera uma relação entre o desenvolvimento do capitalismo e a ética protestante, apontando-a como decisiva para seu desenvolvimento. Acusa-o de não radicalizar essa concepção, evitando assim a conclusão de que o próprio capitalismo se transformara em uma religião "sem precedentes". Muitos dos argumentos apresentados nesse texto seriam retomados no livro destinado a sua habilitação acadêmica. De fundamental importância para essa sua escolha foram ainda outros ensaios, como o estudo sobre a obra de Goethe, *As afinidades eletivas* (1922).

Vale dizer que Benjamin nutria um sentimento ambíguo em relação a Goethe. Por um lado, tinha-o como o maior escritor da Alemanha, consideração que o fez, em um sonho relatado em *Rua de mão única*, "tremer de emoção ao tocar seu cotovelo" (cf. aforismo *Sala de jantar*). Por outro lado, em sua tese de doutorado, ao confrontar duas concepções sobre a crítica de arte no Romantismo Alemão, a de Schlegel e a de Goethe, privilegiou as posições do filósofo, das quais procurou extrair consequências em estudos posteriores. Em contrapartida, fez uma caracterização de Goethe muito diferente da figura esboçada por seus admiradores, em particular pelos adeptos do fechado círculo literário de Stefan George (1868-1933), que de fato foi o alvo preferencial de sua crítica. Ele discordava da sacralização do escritor levada a cabo por tal círculo. Longe de se esgotar nesse particular, a polêmica teria continuidade quando Benjamin traduziu para o alemão parte da obra de Charles Baudelaire, que George antes dele também traduzira. Nessa, Benjamin via uma insuficiência decisiva: nos poemas de *Flores do mal*, ela minimizaria a presença, ainda que "secreta", de Paris, metrópole por ele considerada como "a capital do século XIX", ou "a capital do capital".

A atitude crítica em relação à glorificação de Goethe o levou a discordar da imagem superdimensionada do escritor, principalmente a elaborada por Friedrich Gundolf (1880-1931), que destacava os elementos autobiográficos do autor sem se preocupar em situá-lo no panorama da produção literária da época, ou seja, sem vinculá-lo à Modernidade. A discordância de Goethe – ou melhor, de seus apologistas – seria também decisiva para a escolha de seu novo objeto de estudo: a investigação de um tipo de literatura do gênero dramático relacionado à reforma religiosa na Alemanha – e, portanto, ao período Barroco. Genericamente conhecido como Trauerspiel[2], sua escassa repercussão nos séculos posterio-

---

2. A tradução do termo para o português não é fácil. Talvez a melhor tradução aproximada seja a de "drama trágico lutuoso", ou seja, referido ao luto, ao sofrimento, a um tipo de "espetáculo para tristes".

res permite considerá-lo, a exemplo do que um dia faria Asja Lacis, como uma "literatura morta".

No primeiro semestre de 1923, Benjamin frequenta um seminário ministrado por Gottfried Salomon, no qual conhece Theodor W. Adorno, de quem posteriormente se tornaria amigo e que também teria como colaborador intelectual e, em certa medida, continuador de sua obra, como afirmam Susan Bock-Morss e outros estudiosos de Benjamin. Definido o tema da tese, em agosto do mesmo ano viaja a Berlim, onde se dedica a pesquisar sobre o tema na Biblioteca Nacional, onde coleta mais de "600 citações". Desde o início da década de 1920, no entanto, sua condição material se agravara consideravelmente. Seu sustento provinha então basicamente do trabalho de Dora, sua esposa, que trabalhava como secretária e intérprete. Essa situação deixará marcas profundas em seu trabalho, auxiliando a imprimir nele outra inflexão, uma dimensão diferente daquela que orientara sua produção intelectual até então. As enormes dificuldades materiais ajudaram-no a construir nova percepção da miséria, com a qual apenas de maneira indireta teve contato na infância, dada a posição social relativamente privilegiada de seus pais. Um sinal evidente dessa nova inflexão encontra-se em uma carta endereçada ao amigo Florens Cristian Rang, citada por Witte (1990, p. 76), na qual afirma: "Aquele que na Alemanha realiza um trabalho intelectual se vê ameaçado de fome de maneira muito séria". Nesse período torna-se mais aguda sua percepção das contradições sociais, levando-o a considerar que a miséria não se abatia apenas sobre alguns indivíduos ou sobre os intelectuais, mas sobre enorme parcela da população alemã.

No início de 1923 escreve um aforismo exemplar dessa nova orientação, que seria posteriormente reelaborado e integraria o volume *Rua de mão única* (1928). Originalmente intitulado *Viagem através da inflação alemã*, seria mais tarde publicado como *Panorama imperial*. No mesmo ano, em carta dirigida a F.C. Rang, ele diz: "esses últimos dias de viagem pela Alemanha levaram-me de novo ao limite da desesperança e a olhar para o fundo do abismo" (apud BARRENTO, 2013, p. 120). A carta demonstra, por um lado, um estado de ânimo que depois se agravaria, levando-o até a pensar em suicídio (1932); por outro lado, ela desvela a situação da Alemanha, além de indicar o quanto as viagens eram importantes para o autor.

O aforismo mostra como Benjamin elaborou uma imagem crítica da sociedade e da burguesia alemã. Essa imagem atesta tanto a "estupidez" do burguês alemão quanto a corrosão operada pela inflação na vida do país, e isso em todos os níveis e aspectos, não deixando nada intacto. O texto não apenas constata a decadência da burguesia e do mundo burguês, como indicia as transformações ocorridas no pensamento do autor, sugerindo a criação de condições subjetivas favoráveis a uma aproximação e assimilação do marxismo, bem como de uma concepção política crítica. O que não demoraria a acontecer.

Em maio do ano seguinte viaja a Capri, na Itália, a fim de poder trabalhar sobre o material coletado. Nessa viagem encontra a teatróloga Asja Lacis, colaboradora do dramaturgo Bertold Brecht. Com ela experimenta uma paixão intensa, que para ele, como assinalaria mais tarde, representou uma "liberação vital". Não foi apenas uma viagem de férias, como querem alguns de seus críticos, como Howard Cargill (2007), mas uma viagem cultural, uma experiência intelectual e de conhecimento, que, aliás, era como Benjamin concebia as viagens. Asja Lacis o incentivou a conhecer o marxismo e até mesmo a aderir ao Partido Comunista, coisa que, embora cogitada por ele, jamais se concretizou. Incentivou-o também a ler o livro recente do marxista húngaro Georg Lukács, *História e consciência de classe* (1923), que causou nele profunda impressão, ao ponto de vir a comentar mais tarde que esse livro, juntamente com *O espírito da utopia* de Ernst Bloch, estaria entre os mais importantes que o marxismo ofereceu.

O livro levou Benjamin a perceber uma afinidade enorme entre o pensamento de Lukács e o seu próprio ideário. No aforismo *Viagem através da inflação alemã*, ele também desenvolvera a tese, central na obra do autor húngaro, do declínio e da decadência da burguesia enquanto classe e, consequentemente, da sociedade burguesa. A leitura não deixou de repercutir na elaboração de sua tese de habilitação, intitulada *Ursprung des deutschen Trauerspiels*, publicada no Brasil com os títulos de *Origem do drama barroco alemão* (tradução de Sérgio Paulo Rouanet) e de *Origem do drama trágico alemão* (tradução de João Barrento).

Terceira lição

Teoria da Alegoria

O drama trágico alemão deveria ser a tese de habilitação de Benjamin na Universidade de Frankfurt. Foi elaborado entre 1923 e 1925, período em que o autor também escreveu alguns aforismos, que, depois de publicados separadamente em vários periódicos alemães, foram reunidos no livro *Rua de mão única*, publicado em 1928 – mesmo ano da publicação da tese – pela Editora Rowohlt, com a qual, por influência direta do poeta Hofmannsthal, o autor tinha um contrato, recebendo regularmente certa quantia mensal. A tese foi depositada na universidade em maio de 1925, não sendo, no entanto, bem recebida pelo titular da cadeira de História Literária, que sugeriu sua transferência para a área de Estética, então sob responsabilidade de Hans Cornelius, cujo assistente era Max Horkheimer. Este, a pedido do titular, e sem que Benjamin soubesse, deu sobre ela um parecer negativo. Em setembro de 1925, temendo a recusa da tese e uma situação ainda mais vexatória, Benjamin trata de retirá-la, abandonando de vez a (frágil) pretensão de seguir carreira acadêmica, gesto que teve várias consequências em sua vida. Não seria a única vez que Horkheimer recusaria ou interferiria em sua obra. De fato, na década seguinte, por volta de 1936, ele recusou a publicação de "A obra de arte na era de sua reprodutibilidade técnica" na revista do Instituto de Pesquisas Sociais, exigindo algumas modificações no texto. E, mesmo depois que Benjamin, a contragosto, acatou as sugestões propostas e apresentou uma nova versão, Horkheimer ordenou ao editor europeu que fizesse ainda novas alterações, à revelia do autor, causando nele profunda contrariedade.

O *Drama trágico alemão* é considerado por T.W. Adorno como a principal obra de Benjamin, porque nele aparece uma concepção original e fecunda de método, além de alguns dos conceitos fundamentais de toda sua obra posterior. O texto é composto por um longo prefácio intitulado *Prólogo epistemológico-crítico* (p. 13-47, na tradução de João Barrento), que Benjamin recomendava – não sem certo equívoco – que fosse lido apenas após a leitura das duas partes que se seguiriam, a saber, a Parte I – *Drama trágico e tragédia* (p. 49-166) – e a Parte II – *Alegoria e drama trágico* (p. 167-254). Na página de abertura encontra-se esta informação redigida pelo autor: "Esboçado em 1916, escrito em 1925, publicado em 1928", que revela a continuidade de suas preocupações ao longo desse período.

Ainda que considere como expoentes do drama trágico autores como Shakespeare e Calderón de la Barca, nele Benjamin analisa obras e documentos de autores dramáticos alemães ligados ao Barroco protestante. Ao estudar tais obras e autores, quase desconhecidos para além de seu tempo, ele investe contra o filósofo Benedetto Croce, que considera o Barroco como uma variedade do feio, uma verdadeira "patologia da razão". Em contrapartida, Benjamin em absoluto não o concebe de modo tradicional – como um estilo artístico – nem como sintoma de crise ou decadência, mas como *ethos*, ou seja, um conjunto de hábitos, práticas e valores relacionado à vida econômica e cultural, à estética e à vida religiosa do homem dos primórdios do capitalismo. Essa maneira de considerá-lo acarreta vantagem considerável para o autor: poder relacionar o *ethos* barroco com uma mudança na estrutura da experiência, que marca o início da Modernidade. Para ele, como afirma Eduardo Maura (2013, p. 83), "O Barroco é uma categoria que em Benjamin opera, também na literatura, como princípio ativo de uma experiência muito concreta do mundo". Essa visão, sugere ainda Maura, talvez seja um sintoma do impacto nele causado pela leitura de *História e consciência de classe*, uma vez que o filósofo húngaro também considera a Modernidade como *ethos* e interpreta a crise cultural como sintoma das contradições inerentes à dinâmica capitalista. Tal concepção é exemplo privilegiado da, acima identificada, nova inflexão no pensamento de Benjamin nesse período.

Mais tarde, Benjamin considerará *O drama trágico alemão* como obra de transição, conforme anotou quando iniciou a redação do ensaio sobre as *Passagens de Paris, uma fantasia dialética*, que deu origem à jamais concluída obra das *Passagens*. Nessa ocasião, afirmou que tal obra encerraria um ciclo de sua produção, "de forma semelhante ao do livro sobre o drama trágico, que fechou o ciclo germanístico" (BENJAMIN, apud BARRENTO, 2013, p. 124). Como já foi apontado, despontam nesse livro aspectos novos em seu pensamento, resultantes de suas viagens, relações e leituras – como a da obra de Lukács. Entre esses novos aspectos, além do acima mencionado, pode-se apontar também a elaboração de uma crítica radical do conhecimento, apresentada no *Prólogo epistemológico-crítico*, no qual recusa e combate o conceito de verdade oriundo das ciências naturais e a elas adequado; a promoção da destruição da estética baseada no símbolo e, por fim, a elaboração de uma nova visão da história, que alguns críticos, como Witte (1990), considerarão como "pessimista".

Nesse livro, Benjamin reconhece no Barroco a expressão de uma alteração profunda na relação entre homem e natureza, que apresentaria certa harmonia no Classicismo Renascentista. Ele atesta o desequilíbrio e a instabilidade que se instaura nessa relação, na qual o sentido harmônico se esvanece – fato que origina uma espécie de sensação de falta de sentido na existência ou na relação entre os homens e entre esses e as coisas. No Barroco, ele defende, emerge assim para o primeiro plano uma visão desconcertante, que afirma "a historicidade de todos os fenômenos", concebida como a lógica do processo natural, isto é, como nascimento, desenvolvimento, declínio e morte de todos os seres e coisas. Mais precisamente, como salienta Eduardo Maura (2013, p. 86), o que nele desponta é "uma concepção histórica da natureza". Essa historicidade radical, que atinge a totalidade dos seres e coisas, constituirá, ainda segundo esse estudioso, "a lei formal do Barroco" (p. 86).

O *prefácio epistemológico-crítico,* ao contrário do que propunha Benjamin, é o necessário ponto de partida para a leitura da obra, posto que traz uma exposição do método, e que nesse, sobre a linguagem, Benjamin retoma suas concepções anteriores, notadamente aquela que se configura no ensaio, de 1916, intitulado *Sobre a linguagem em geral e sobre a linguagem dos homens.* O retorno a esse texto, porém, é informado agora por um contexto específico, o da elaboração de uma singular Teoria das Ideias, que Susan Buck-Morss chamará de "platonismo invertido". De acordo com suas anteriores concepções, a linguagem desponta também aqui como o verdadeiro meio da verdade, tese que contraria frontalmente a concepção de verdade ancorada nas Ciências Positivas, a qual ele pretende criticar severamente. Essa reflexão é requerida por sua recusa em ancorar sua concepção em uma valorização ou preponderância, implícita ou não, do sujeito. O objetivo geral não é o de tipificar o drama trágico, não é caracterizá-lo a partir do exame ou consideração de uma variedade de obras, mas identificar nele a construção de um gênero, no mesmo sentido em que Lukács reconhece no romance um gênero moderno. Nessa perspectiva, Benjamin também se opõe à concepção nietzscheana da tragédia. Objetivo que fica evidente na seguinte passagem de seu *curriculum vitae*:

> Este livro propunha-se fornecer uma nova leitura do drama alemão do século XVII. O seu propósito é o de distinguir a forma desse drama, enquanto "drama trágico" (*Trauerspiel*), da tragédia (*Tragödie*), e procura demonstrar as afinidades existentes entre a forma literária do drama trágico e a forma artística da alegoria (BENJAMIN, 2011, p. 8).

Em outras palavras: não se quer mostrar ou captar a gênese histórica ou o contexto do aparecimento desse gênero, mas sua "origem", entendida como o "momento em que esta sai da história", ou seja, se libera e se converte em uma "ideia". Como explica o próprio Benjamin:

> A origem, apesar de ser uma categoria totalmente histórica, não tem nada a ver com a gênese. O termo origem não designa o vir a ser daquilo que se origina, e sim algo que emerge do vir a ser e da extinção. A origem se localiza no fluxo do vir a ser como um torvelinho, e arrasta em sua corrente o material produzido pela gênese. [...]. Em cada fenômeno de origem se determina a forma com a qual uma ideia se confronta com o mundo histórico, até que ela atinja a plenitude na totalidade de sua história. A origem, portanto, não se destaca dos fatos, mas se relaciona com sua pré e pós-história (BENJAMIN, 2011, p. 67/68)

Para o autor, as ideias são "configurações". Cada uma delas contém, ainda que micrologicamente, todas as outras. Elas são "mônadas". Nesse sentido, toda ideia postula uma imagem "em miniatura" do mundo. Elas são diferentes do conceito, com os quais não podem ser confundidas. Esses implicam um determinado modo de observação do que existe e uma operação intelectual posterior, a síntese, na qual são reunidas as características comuns dos fenômenos em um universal. Em contrapartida, a ideia ou mônada não implica tal relação com o existente, nem tampouco reduz a multiplicidade e a variedade de um ser ou do que existe a uma identidade. Diferentemente do conceito, ela é elaborada em respeito ao que existe, posto que constituída a partir de características extremas. Sérgio Paulo Rouanet (1981) destaca esse fato, concebendo ser a ideia "a unidade virtual e tensa do heterogêneo". Dessa maneira, os fenômenos preservariam sua integridade ou particularidade. Witte (1990) também destaca essa característica das ideias ou mônadas, sugerindo ser esse o método da teoria do conhecimento histórico, porque assimila os fenômenos como casos-limites, ou seja, extremos. Para ele, a valorização do extremo acarreta a recuperação daquilo que é rejeitado, do que é residual tanto cultural quanto historicamente – fato que garantiria a elaboração de uma história crítica na obra de Benjamin –, possibilitando ainda a constituição de uma concepção de totalidade diferente da elaborada por Lukács, uma vez que ela "aproximaria os contrários"; nela cintilariam materiais díspares, o que impediria a dissimulação das eventuais rupturas, prestando-se assim a captar as contradições profundas do mundo social. As ideias ou mônadas, evitando a dissolução ou redução dos objetos e fenômenos operada pelo conceito, preservam o existente: ao abrigá-los ou envolvê-los, platonicamente os redime. Salvos, eles "passam a ser o que não eram: totalidade". É este o sentido da expressão "salvação platônica" – dos seres, coisas e fenômenos – utilizada por Benjamin.

A historicidade radical verificada no drama trágico alemão permite a construção de um modo de percepção, segundo Maura, ou, como afirma Benjamin, uma visão alegórica voltada a captar a fragilidade da existência, a transitoriedade dos fenômenos e dos seres, todos encarados como submetidos à implacável lógica da história natural, na qual o existente caminha inapelavelmente para a morte. Por essa razão, a vida é concebida como "produção de cadáveres". Tal visão (ou modo de percepção) é, portanto, marcada por uma sensibilidade profundamente afinada com o transitório e a caducidade, bem como com o sofrimento: ela implica a melancolia, a visão "da história do mundo como história do sofrimento, e a história do sofrimento como história do mundo", no dizer de Benjamin.

Evidentemente, a expressão de tal sensibilidade não pode estar ancorada no símbolo. De fato, esse pressupõe uma harmonia clássica da forma e, em virtude disso, uma dimensão estática, na qual o movimento ou a temporalidade são recusados. O símbolo não volta sua face para o transitório: antes, pretende captar o que é estável, o que permanece, a promessa de eternidade: a "bela aparência". Para resolver esse problema, Benjamin se posiciona contra Goethe, buscando redimir a alegoria enquanto "forma artística". Goethe concebia a alegoria como inferior ao símbolo, dado que ela explicaria o particular a partir do geral, considerando aquele como mero exemplo deste. Em contrapartida, postulava ser o símbolo capaz de captar o particular, e no particular, o geral.

Benjamin recusa a concepção do escritor alemão porque não considera a alegoria como pura manifestação estética, como uma técnica de expressão literária ou artística à qual os autores pudessem recorrer ao sabor de suas necessidades. Ao contrário, concebe-a como implicada a um modo determinado de experiência, em uma maneira de perceber e de sentir o mundo como transitório, que em tudo sente a ameaça do declínio. Nesse sentido, tampouco ela é arbitrária, sendo, antes, a representação dos "fundamentos materiais de uma época", conforme salienta Maura (2013, p. 124). Tal forma de experiência acarreta uma percepção desconexa, fragmentária, na qual tudo parece se converter em escombros, em ruínas: para quem experimenta o mundo desse modo, a totalidade se esfacela. A alegoria parece implicar uma espécie de vertigem, na qual tudo – mesmo o monumento mais fulgurante – parece estar em declínio, aprisionado por um movimento descendente, como se todo o existente caminhasse para a cova, para o leito de morte. Para ficarmos num exemplo, não é por acaso que história e cenário coincidem no drama trágico, e que ambas encontrem expressão no ataúde, "forrado de veludo, sobrecarregado de ornamentos". Como afirma Benjamin:

> A fisionomia alegórica da natureza-história, posta no palco pelo drama, só está verdadeiramente presente como ruína. Como

> ruína, a história se fundiu sensorialmente com o cenário. Sob essa forma, a história não constitui um processo de vida eterna, mas de inevitável declínio. Com isso, a alegoria reconhece estar além do belo. As alegorias são no reino dos pensamentos o que são as ruínas no reino das coisas. Daí o culto barroco das ruínas (p. 199-200).

Por essa razão, a história, tema da alegoria, é nela comumente representada por meio de uma caveira. Nesse sentido, não é descabida a observação feita por Eduardo Maura (2013, p. 113), que afirma ser a alegoria um modo materialista de "compreensão, configuração e apresentação do tempo".

Essa vertigem do declínio, marca da visão alegórica, acarreta uma espécie de emudecimento dos objetos e seres. Tomado por ela, o objeto é incapaz de "ter uma significação, de irradiar um sentido; ele só dispõe de uma significação, a que lhe é atribuída pelo alegorista [...]. Em suas mãos, a coisa se transforma em algo de diferente" (BENJAMIN, 2011, p. 206). Ou seja, a significação resulta do procedimento do alegorista, que arranca o objeto de seus contextos habituais a fim de inseri-lo em contextos novos, originais, nos quais é forçado a experimentar relações inusitadas, que lhe conferem um sentido até então insuspeitado. Para Sérgio Paulo Rouanet, esse procedimento, que remete à montagem, é análogo ao mecanismo do sonho. Por meio dele o alegorista imprime à coisa determinado sentido, fazendo com que cada uma delas possa significar outra. Nas palavras do autor:

> [...] através da coisa, o alegorista fala de algo diferente, ela se converte na chave de um saber oculto, e como emblema desse saber ele a venera. Nisso reside o caráter escritural da alegoria. Ela é um esquema, e como esquema um objeto do saber, mas o alegorista só pode ter certeza de não o perder quando o transforma em algo de fixo: ao mesmo tempo imagem fixa e signo com o poder de fixar. O ideal cognitivo do Barroco, o armazenamento, simbolizado nas bibliotecas gigantescas, realiza-se na escrita enquanto imagem (BENJAMIN, 2011, p. 206).

Dessa maneira, a visão alegórica concebe o alegorista como o soberano, concepção que originalmente procede da obra de Carl Schmitt, o teórico da ditadura que abraçou o fascismo, e para quem Benjamin enviou uma cópia do livro logo após a publicação. Além disso, a alegoria, como salientou o autor, "é a chave de um saber oculto" ou "secreto", que ajuda a substituir o gosto pela investigação do universo, típico do Classicismo Renascentista, por uma investigação das bibliotecas: o alegórico, enquanto melancólico, se cerca de livros e se compraz com a leitura.

Quarta lição
Vanguardas artísticas e política

As transformações experimentadas por Walter Benjamin em 1924 não se esgotam com a elaboração do livro sobre o drama trágico lutuoso. Nesse ano ele também começou a elaborar um "livro de aforismos, textos jocosos e de relatos de sonhos", conforme anuncia em sua correspondência. Após muitas alterações nessa empreitada surgiria o livro *Rua de mão única*, concluído em 1926 e publicado em 1928 pela editora de Ernst Rowohlt. Essa obra representa uma radicalização da mudança de rumos de sua produção. Ela mostra ter Benjamin abandonado a avaliação das obras do Romantismo Alemão e o exame do conceito de crítica de arte derivado desse movimento literário e artístico, que marcara até então sua trajetória intelectual, a fim de se dedicar à elaboração de um livro original, no qual concebe uma nova forma literária. De fato, *Rua de mão única* é obra de caráter "não científico", que por apresentar prosa de alta qualidade literária viria a ser considerada como das mais significativas obras da vanguarda literária alemã da década de 1920. Ela revela Benjamin como escritor, autor de frases memoráveis, que rivalizam com as de Franz Kafka e as de Robert Musil, como anotou um crítico.

A mudança de orientação em seu pensamento e em sua produção tem sido habitualmente interpretada pelos estudiosos de sua obra, conforme já foi acima salientado, como resultante do contato com Asja Lacis em 1924 – que o introduziu no marxismo e o levou à consequente leitura de *História e consciência de classe* de Georg Lukács – e, em menor medida, do fracasso de sua tese de habilitação, que o teria empurrado a uma carreira solitária. Essa interpretação, adotada por grande parte dos estudiosos de sua obra, não parece nem convincente nem apropriada para dar conta das mudanças apresentadas pelo livro vanguardista. A inadequação salta à vista inclusive se considerarmos as diferenças – daí por diante cada vez mais acentuadas – entre o pensamento e a produção cultural de Benjamin e as posições assumidas pelo teórico húngaro da estética marxista após 1924, que, pressionado pela repercussão de seu livro no 4º Congresso da Internacional Comunista realizado em Viena, nesse ano, passa a renegá-lo e a desenvolver uma concepção que o transformará, na década de 1930, no inimigo mais ferrenho das vanguardas históricas, as quais combate em nome do "realismo crítico", argumentando serem elas expressão da decadência da capacidade de representação estética por parte da burguesia, que estaria perdendo também a capacidade de entender o desenvolvimento histórico da sociedade capitalista. Em *Realismo crítico hoje,* de 1969, Lukács inclusive criticará a concepção benjaminiana da alegoria, acusando-a de ser uma teoria das vanguardas.

A insuficiência dessa explicação aponta para uma lacuna nos estudos sobre Benjamin, indicando que até bem pouco não se questionava com seriedade os motivos que o levaram a aventurar-se no terreno da literatura de vanguarda. Esse aspecto se dava por resolvido com uma espécie de explicação adicional e complementar à acima apontada: habitualmente, os pesquisadores explicavam tal mudança como motivada pela viagem do autor a Paris em 1926, na qual teria conhecido *O camponês de Paris* de Louis Aragon, obra que teria causado nele um impacto de grande magnitude, capaz de "fazer seu coração disparar" toda vez que dela se lembrasse, como confessa em suas correspondências[3].

---

3. Cabe destacar que o Surrealismo não se considerava como um movimento estético e nem como vanguarda artística. Entretanto, atualmente, após os estudos de Peter Burger, é possível considerar que a vanguarda artística radical foi composta apenas pelo Dadaísmo, pelo Surrealismo e por parte do Expressionismo. Cf. BURGER, P. *Teoria da vanguarda.*

Segundo Witte, que adota esse tipo de explicação, Benjamin teria se deslocado a Paris em 1926 influenciado por um grande conhecedor da cidade, Franz Hessel, amigo e colaborador que o ajudou a traduzir parte da obra de Marcel Proust para o alemão. Hessel o teria estimulado a conhecer os aspectos mais significativos da metrópole, como as passagens, e a praticar a arte de caminhar à deriva, a *flanerie*. Segundo essa perspectiva, Benjamin teria não apenas conhecido o Surrealismo, que o teria influenciado profundamente, mas também as obras de grandes escritores franceses, aos quais dedicou alguns de seus melhores ensaios do período, como André Gide, Proust e Paul Valery.

Essa explicação, no entanto, é incapaz de apontar os reais motivos que o estimularam a concretizar tal mudança de rumo e de elaborar semelhante tipo de obra. Afinal, muitos dos textos de *Rua de mão única* são anteriores à viagem a Paris e à leitura do livro de Aragon, redigidos que foram já a partir de 1924. Como explicar, assim, sua adesão às vanguardas – e, em particular, ao Surrealismo, ao qual dedicaria em 1929 um célebre ensaio –, se até então não tinha viajado a Paris?

Michael Jennings parece fornecer uma explicação mais provável. Tal mudança teria resultado de uma constelação de fatores, a saber: da referida influência do marxismo e de *História e consciên-*

cia de classe, que dá o tom político a *Rua de mão única* e outras obras subsequentes; das viagens ao interior da Alemanha em 1923 e a Capri em 1924, onde conhece Asja Lacis, que muito o influencia; do fracasso da tese de habilitação e à consequente desistência em seguir a carreira docente, e sobretudo – fato até então pouco estudado e pouco levado em conta pelos estudiosos – de sua participação ativa em um grupo vanguardista, que passou a se reunir em Berlim em 1923 e ficaria conhecido como "Grupo G."

Segundo Jennings, esse grupo teria sido responsável pela formação de uma nova vanguarda em Berlim. Constituído por refugiados de várias nações, que professavam diferentes orientações estéticas, seus principais participantes foram Laslo Maholy-Nagy e Mies Van Der Rohe, além de Hans Richter, tendo como membros ocasionais Kurt Schwitters, Hans Arp, George Grosz e John Heartfield. Nele, predominaram principalmente o Construtivismo Russo, o Dadaísmo tardio e o início do Surrealismo. O grupo era também frequentado por Dora, esposa de Benjamin. Jennings conclui, assim, que o contato decisivo de Benjamin com as vanguardas europeias se deu em Berlim e não fora dessa cidade. Com isso, ficam enfraquecidas as explicações comuns sobre a motivação de suas viagens a Paris e Moscou, que podem agora ser interpretadas como ditadas por motivações estéticas e políticas. Teria viajado a Paris em 1926 para conhecer mais profundamente o Dadaísmo e o Surrealismo, viagem que possibilitou sua descoberta de *O camponês de Paris*. Já a viagem a Moscou, entre 1926 e 1927, longe de ter sido o resultado de mera crise nervosa, como sugere Bernd Witte, ou de ter como motivação exclusiva o desejo de reencontrar Asja Lacis, foi ditada igualmente por seu interesse no construtivismo e nas experiências estéticas em curso na União Soviética. Essas viagens foram produtivas porque o estimularam a escrever sobre a cultura, a arte e a literatura dos dois países visitados, além de incluir entre seus temas o cinema produzido pelos russos. Seus novos interesses tanto estimularam sua atividade translatícia (traduziu tanto obras de Baudelaire quanto de Proust, além de excertos de *O camponês de Paris*), como o levou a assumir um novo papel, o de divulgador e apresentador da cultura de vanguarda europeia e russa na Alemanha do final da década de 1920 e início da seguinte.

Rua de mão única é obra bastante original, que suscita diferentes interpretações: enquanto muitos a consideram diretamente relacionada ao Surrealismo, outros percebem nela uma nova forma vanguardista, uma forma híbrida, resultante do encontro entre o Construtivismo, o Dadaísmo e o

Surrealismo. Composta por 60 textos curtos, cujos títulos assimilam aspectos da cultura material do capitalismo – parecendo prenunciar as análises da fantasmagoria e da mercadoria levadas a cabo na obra das *Passagens* –, ela tematiza os mais diversos aspectos da vida social, como a inflação e seus efeitos perversos na totalidade da vida alemã; a atualidade da linguagem "de prontidão"; reflexões sobre a poética da obra; as modas e os comportamentos burgueses, vistos como decadentes; as sensações e os comportamentos infantis; a pedagogia; relatos de sonhos; a confrontação entre os leitores e os copistas; a invenção da imprensa; o destino da escrita na era da imagem. A profusão de temas, apesar da diversidade, confere ao livro certo aspecto caleidoscópico, como anotaram alguns estudiosos com o auxílio de uma expressão do agrado de Benjamin. Eles propiciam, além disso, a ocasião para uma crítica política e social do capitalismo, o que confere ao livro forte tom político, sobremaneira notável no último texto intitulado *Rumo ao planetário*.

Nesse, Benjamin sustenta uma crítica ao capitalismo, concebendo, a partir da gênese da astronomia como ciência, a alteração da relação entre o homem e a natureza ocorrida no Renascimento. Em sua visão, torna-se assim estacionário o projeto burguês de dominação da natureza. Para ele, desde então, os efeitos perversos dessa alteração passam a incidir sobre todos os ramos da vida social. Nesse sentido, libertar a humanidade implicaria o rompimento ou a superação de tal forma de dominação da natureza. Como se pode notar, essa concepção revela o caráter heterodoxo de seu marxismo, além de demonstrar como ele não desvinculou vanguarda e política, posto que os procedimentos vanguardistas não são adotados apenas com finalidade estética, mas também política. *Rua de mão única* foi concebido "em homenagem àquela que como um engenheiro a abriu no corpo do autor desse livro", Asja Lacis, conforme a dedicatória impressa nas páginas iniciais. O livro é não narrativo: composto de textos curtos, fragmentários, ele é organizado segundo o princípio da montagem. Essa acentua as tensões internas e faz com que cada parte funcione, de acordo com Jennings, como uma estrela em uma constelação: de cada uma delas, pode-se ver as outras, o que acarreta a adoção de múltiplas visões e um frenético entrecruzamento de perspectivas. Dessa maneira, a leitura é não linear, exigindo novos hábitos e capacidades de seus leitores. A ideia de conceber o livro como uma rua, em que os textos – como as casas – podem ser dispostos ao longo de sua extensão, provém de *O camponês de Paris,* conforme anotaram muitos críticos. Tanto Siegfried Kracauer quanto Ernst Bloch resenharam o livro, tendo ambos sublinhado o caráter radical e inovador do processo de montagem nele empregado.

Benjamin publicaria mais tarde vários aforismos não incluídos no livro, tendo-os reunido sob o título geral de *Imagens de pensamento*. Depois de 1932, ano em que esteve em Ibiza, voltou a produzir textos curtos e aforismos, que foram afinal reunidos e publicados em 1938 sob o título de *Infância em Berlim: 1900*[4].

---

4. Cf. Primeira lição.

Quinta lição

Rumo à crítica materialista da cultura

A assimilação do marxismo e das experiências vanguardistas, informada por sua atração pelo livro já citado de Aragon, *O camponês de Paris*, levou Benjamin a escrever um grande ensaio sobre o Surrealismo em 1929, que muitos autores, dentre os quais Peter Osborne (1997), consideram de fundamental importância para sua produção posterior, uma vez que, nele, refletiria sobre sua própria politização.

No ensaio, Benjamin revela entendimento em profundidade do caráter do Surrealismo, assim como do Dadaísmo, que o precedeu. Entende que a proposta surrealista, assim como a dadaísta, não visava a meramente reformar a arte: ao contrário das outras vanguardas, elas não pretenderam criar mais um movimento estético. Se o Dadaísmo, com sua prática artística e com a incorporação à obra de elementos não nobres originários da indústria ou da produção anônima, como bilhetes de trens ou pedaços de jornais, conseguiu explodir a noção de obra e de artista herdados da tradição cultural burguesa, o Surrealismo entendeu poder levar adiante uma luta ainda mais radical, voltada à superação da arte de uma forma dialética, fazendo assim com que as noções de obra e de artista se tornassem obsoletas. Seu alvo era unir arte e vida de modo "a explodir a literatura de dentro, levando-a aos limites do possível", como sugere Benjamin (1985, p. 22).

No Surrealismo, Benjamin reconhece "o mais recente instantâneo da inteligência europeia", o que o distinguiria da "crise de inteligência" predominante no mundo burguês. Seu ânimo e radicalidade provêm do desejo de liberdade capaz de desafiar a falta de liberdade geral na Europa, resultante da "repulsa burguesa a qualquer forma de pensamento que se queira independente". Por essa razão, concebe uma aproximação entre a vida e o sonho – o que provoca uma espécie de transe ou embriaguez iluminadora – que implica, na experiência surrealista, a desobediência à racionalidade instrumental presente no cotidiano plasmado pelo capital. Experimentar desse modo a vida cotidiana, eis o assunto tanto de *O camponês de Paris* como de *Nadja*, de André Breton, tendo ambos por objetivo comum praticar uma radical transgressão da lógica social dominante.

Benjamin não deixa, porém, de questionar certos aspectos do movimento. Ele exigia, por exemplo, um afastamento da iluminação religiosa, que forte atração exercia sobre os surrealistas, pela conquista de uma iluminação profana, materialista e antropológica, para a qual a iniciação nas drogas poderia apenas ser um ponto de partida, não uma meta. Esse aspecto era o que mais o inquietava, pois via na embriaguez o risco de afastamento em relação à política revolucionária. Por isso, chamou a atenção para o grande desafio que o movimento deveria enfrentar: Como canalizar as energias libertárias e anárquicas da revolta para a luta revolucionária? Como unir essa experiência de liberdade com a experiência "construtiva, ditatorial" da revolução? Como associar a revolta à revolução? Benjamin nota os esforços dos surrealistas no sentido de resolver a questão, apoiando a aproximação deles com o Partido Comunista.

Desponta, assim, um novo aspecto em seu pensamento. Movido por sua própria politização – ou procurando realizá-la de modo radical –, ele aponta para uma mudança de sentido na tarefa da crítica, que, dali por diante, deveria investigar os modos como as obras refletem sobre sua própria inserção na vida cultural ou social, ou como os escritores manifestam uma consciência de seu papel e função social. Nessa direção, contrapõe o modo como os escritores ou poetas ligados aos partidos burgueses tecem imagens carregadas de esperança ou de otimismo – tanto em relação ao futuro da literatura quanto da sociedade –, ao pessimismo dos surrealistas, cujo caráter crítico buscava enfatizar, visto ele manifestar uma desconfiança geral em relação ao futuro não apenas da literatura e da poesia, mas de todos os aspectos da vida no capitalismo. É nesse contexto que ele configura, como anota Witte (1990, p. 116), a tarefa do intelectual revolucionário: por um lado, "organizar o pessimismo"; por outro, promover a "aniquilação dialética das imagens falsas cujas projeções constituem o espaço social". O intelectual torna-se para ele um ser político. Por essa razão, é sua tarefa analisar não as obras de arte tradicionais, mas, por um lado, desmistificar e superar a noção tradicional de arte e de artista; e, por outro, "analisar a consciência pública modelada pelos intelectuais e condensada na obra desses" (WITTE, 1990, p. 117).

Essa nova direção da crítica, que o move rumo à formulação de uma crítica dialética e materialista da arte e da cultura, adquirirá contornos mais nítidos no ensaio de 1934, intitulado *O autor como produtor*, originalmente uma conferência que teria sido ministrada, naquele mesmo ano, sobre o fascismo, no Instituto de Estudos sobre o Fascismo. Nesse ensaio, Benjamin se insere no interior do debate de esquerda sobre a literatura e a arte, procurando oferecer uma proposta teórica capaz de superar a dicotomia forma/conteúdo na determinação do caráter revolucionário das obras. Começa questionando a relação entre tendência – conceito de origem política – e qualidade literária, a fim de propor uma mudança fundamental no debate: com efeito, para ele seria mais fértil e consequente indagar "como uma obra se insere no interior das relações de produção literária", em vez de se perguntar, como se fazia até então, "como a obra se relaciona com as relações de produção". Pergunta que admitiria apenas duas respostas: se as condenasse explicitamente, seria revolucionária; caso contrário, seria reacionária.

Em contrapartida, procura oferecer um critério mais seguro para a aferição da qualidade de uma obra, propondo a análise de sua técnica literária. A partir de um exemplo extremo – o caso do escritor Tretiakov –, estabelece uma distinção entre o escritor operativo e o informativo: enquanto este é contemplativo e permanece no plano da escrita, o operativo teria ainda uma ampla atuação educativa e organizadora. O exemplo, porém, serve a outro propósito: o da afirmação da necessidade de se repensar as formas ou gêneros em função dos novos fatos técnicos. Ou seja, não apenas enfatiza a utilidade e o alcance, para a crítica materialista, do conceito de técnica literária, como postula o caráter histórico do romance e dos tipos de escritores.

Retoma, assim, a crítica às formas tradicionais de arte e ao conceito tradicional de artista. Esta será uma preocupação constante de sua produção teórica posterior a 1925, culminando com a tentativa de promover uma superação dialética no ensaio dedicado à análise da obra de arte na era de sua reprodutibilidade técnica em 1935-1936.

Com essa argumentação, introduz no ensaio a tese fundamental: a época estaria conhecendo uma mudança radical de formas e de gêneros literários; mais precisamente, estaria experimentando um radical processo de fusão de formas literárias, as quais superariam ou dissolveriam as velhas oposições com que a crítica marxista se deparou. Nesse processo, o jornal teria um papel de destaque na sociedade revolucionária – não no Ocidente, onde, por ser uma forma de capital, autoritariamente se impõe ao intelectual que nele trabalha. Na Rússia, em contrapartida, ele ajudaria a abolir uma distinção fundamental: a verificada entre autor e público. No jornal revolucionário, quem escreve teria "algo a dizer", posto que detentor de conhecimento relativo à organização da produção. O escritor possuiria um caráter especializado, apresentando competência em certa área de atividade. No jornal russo, afirma, o mundo do trabalho tomaria a palavra, superando a distinção entre trabalho manual e trabalho intelectual, separação que alimentaria o privilégio dos intelectuais no mundo ocidental. Na sociedade revolucionária o escritor teria uma formação "politécnica".

Dessa maneira, retoma a crítica à inteligência burguesa de esquerda, a fim de mostrar como ela se posiciona socialmente e qual é seu papel social. Sem atacar diretamente o sociólogo Karl Mannheim, critica as teorias e movimentos culturais que concebem ser o intelectual um tipo socialmente distinto, situado acima das classes, com a finalidade de verificar como tal concepção o situa em posição "socialmente impossível": a de um "mecenas ideológico". A crítica desvenda como esse tipo de intelectual ou escritor cumpre uma função determinada no interior das relações de produção literária: ele as abastece e as preserva por meio da produção de obras capazes de extrair efeitos novos da situação política ou da luta de classes, visando a entreter o público. Para exemplificar, mostra como a fotografia "moderna" embelezaria o mundo, mesmo quando enfocasse assuntos ou temas aparentemente críticos, como a miséria. Benjamin esboça aqui a formulação de um conceito que adquiriria contornos definidos no ensaio sobre a obra de arte: o conceito de "estetização da política".

Ele identifica, além disso, tanto a função econômica da fotografia como obra – alimentar a massa com certos conteúdos que ela anteriormente não consumia – quanto sua função política, que seria a de "renovar, de dentro, o mundo como ele é – em outras palavras, segundo os critérios da moda" (BENJAMIN, 1985, p. 129). Critica também a literatura da "Nova Objetividade" – um dos movimentos artísticos da República de Weimar considerados por ele como exemplar da inteligência burguesa de esquerda – que transformaria em objeto de consumo não a miséria como tal, mas a luta contra a miséria. Transformada em objeto de contemplação, essa se torna produto destinado ao entretenimento. Em outras palavras: essa literatura concretizaria a metamorfose da luta política "de meio de produção em artigo de consumo".

O ataque de Benjamin aos produtos "artísticos" da inteligência burguesa de esquerda é também uma investigação sobre como a produção cultural no capitalismo é apropriada e neutralizada. Ela desvenda como funciona o aparelho burguês de produção cultural, que, ao transformar tudo em mercadoria, também assimila a crítica e tudo o que aparentemente se volta contra ele. Nesse sentido, o ensaio parece manter afinidade com as preocupações manifestadas por Adorno e Horkheimer ao elaborar o conceito de indústria cultural.

Em oposição a esses tipos de obras – entre as quais se incluem também os poemas de Erich Kästner, criticados duramente no ensaio *Melanco-*

lia de esquerda (1930) –, Benjamin situa a obra de Bertolt Brecht. Ele encontra no conceito de *refuncionalização* formulado pelo dramaturgo épico um instrumento crítico apropriado para caracterizar o procedimento do intelectual ou escritor, capaz de orientar sua produção conscientemente, de modo a evitar que ela seja facilmente apropriada e transformada em meio de abastecimento do aparelho burguês de produção cultural. O intelectual ou escritor que se orientasse nessa direção estaria não apenas introduzindo novas soluções técnicas em suas obras, mas também lutando por modificar tal aparelho.

Para Benjamin, o teatro épico de B. Brecht introduz uma modificação de longo alcance ao alterar o elemento básico do teatro, a relação entre palco e plateia, da qual decorrem outras relações, dentre as quais se destaca a representação de situações e não de histórias, possibilitando interromper a qualquer momento a representação. Além disso, seu teatro recorreria a um procedimento requerido por meios como o jornal e o cinema, mas que nele teria uma função organizadora: a montagem. Interromper a ação – interromper o curso do mundo é também o desejo do poeta Charles Baudelaire e do próprio Benjamin – permite a produção do estranhamento, por parte do espectador, da situação representada, fato que o impele a superar a empatia sentimental ou catártica típica do teatro tradicional em prol de uma postura reflexiva. O estranhamento da situação decorrente da interrupção da ação é objeto de reflexão por parte de Benjamin em outro ensaio, também dedicado à análise da obra de Brecht, intitulado *O que é o teatro épico?* (1931). Nele, ele identifica a interrupção – seja a do curso do mundo, seja a da ação teatral – com a "dialética em suspensão" (ou em "repouso", conforme anotam alguns tradutores ou intérpretes de Benjamin). A dialética em tal estado permite um conhecimento aprofundado, fruto do congelamento do instante, que o autor configura com esta bela imagem: a interrupção "faz a existência abandonar o leito do tempo, espumar muito alto, parar um instante no vazio, fulgurando, e em seguida retornar ao leito" (BENJAMIN, 1985, p. 90).

A interrupção combate a ilusão e a excitação, que, ainda segundo o autor, caracterizaria a fruição buscada pelo público burguês ávido de emoções novas, cada vez mais intensas. Cumpre notar que Benjamin conceberá, no ensaio dedicado à análise da poesia de Baudelaire, ser a excitação um modo de comunicação, que se seguiria à informação, e que logo se disseminaria por toda a sociedade[5]. Além disso, o teatro épico também se aproximaria

---

5. Essa concepção, ao que tudo indica, foi retomada por Christoph Türcke, servindo de ponto de partida para sua análise da intensificação do choque na sociedade contemporânea no livro *A sociedade excitada*.

de uma atitude científica, fato valorizado por Benjamin, pois ele se concebe como examinador atento do homem: o teatro constituiria um laboratório dramático – algo análogo ao que ocorre com o ator de cinema, que interpreta para a câmera e não para o olho humano, conforme Benjamin anotará em sua reflexão sobre o cinema –, representando um modo de superação do teatro tradicional, vale dizer, da arte herdada da tradição cultural burguesa.

O teatro de Brecht configura assim as qualidades novas requeridas pela arte revolucionária. Essa não objetiva exclusivamente a produção de obras no sentido tradicional, mas de produtos capazes de apresentar, como qualidade nova e fundamental, um caráter organizativo. A relação entre tendência e qualidade, postulada no início do ensaio, é superada dialeticamente: a qualidade da obra é determinada por seu caráter modelar, que a torna capaz de ensinar aos outros produtores intelectuais. Ela é concebida como a capacidade que a obra tem de aperfeiçoar o aparelho de produção cultural, que deve se orientar no sentido da superação da divisão rígida entre autores e trabalhadores, autores e público. Dessa maneira, a obra de qualidade seria aquela capaz de, consequentemente, refletir sobre seu papel no processo produtivo.

Benjamin conclui a análise, identificando nas obras – e nos intelectuais que desprezam tal reflexão ou não questionam sua inserção nas relações de produção literária, preferindo antes o culto de obras-primas e do gênio – uma atitude que pode conduzir ao fascismo. A conclusão lembra a do ensaio sobre a obra de arte, em que, ao denunciar a "estetização da política" pelo fascismo, a ela Benjamin contrapõe a "politização da arte". Ela revela ainda como a reflexão sobre a situação social do intelectual como ser político se inscreve em uma luta maior, que Benjamin leva a cabo em vários textos durante a década de 1930: o combate ao fascismo.

Sexta lição
Experiência, narração

O combate ao fascismo marcou parte significativa da produção cultural de Walter Benjamin na década de 1930. Além de *Teorias do fascismo alemão* e *O autor como produtor*, já mencionados, também os ensaios *Experiência e pobreza* (1933) e *A obra de arte na era de sua reprodutibilidade técnica* (1936) podem ser inscritos no interior desse combate. Em *Experiência e pobreza*, Benjamin parece ainda não oferecer um conceito filosoficamente elaborado de experiência. Ele a configura por meio da narração da morte de um ancião, que diz a seus filhos haver um tesouro em suas terras: tal expediente faz por situá-la como sabedoria de vida, como o resultado das atividades envolvidas em uma vida inteira, que, narrada aos mais jovens pelos mais velhos, permite a continuidade da tradição e dela própria. No entanto, sustenta ele, a geração que conheceu a Guerra Mundial de 1914 teria se defrontado com "uma das piores experiências da história" (p. 114), que tornaria visível um fenômeno novo: o declínio da experiência e mesmo da arte de narrar, tema desenvolvido também em *O narrador*.

Tal declínio delineia o aparecimento de uma nova forma de miséria, de algum modo relacionado com o "monstruoso" desenvolvimento da técnica, agora encarada com reservas, uma vez que seu ritmo acelerado é determinado pela lógica do capital. O encadeamento desses fatos permite a Benjamin formular a tese central do ensaio: com o declínio da experiência, surge uma nova forma de barbárie, mas uma barbárie "positiva", capaz de promover a libertação do homem do novo século em relação à tradição e à experiência – uma barbárie geradora de um "novo homem" capaz de viver sem a opressão da experiência.

Como exemplo dessa nova barbárie, ele aponta as obras de criadores que teriam precisado de elementos mínimos, como a arquitetura de Adolf Loos ou Le Corbusier, a produção pictórica de Paul Klee e a literatura de Paul Scheebart, em cuja obra se promove um novo ideal habitacional: habitar casas de vidro. Benjamin percebe nesse material uma natureza revolucionária, posto que não aurático[6], bem como inimigo tanto do mistério quanto da proprie-

---

6. O conceito de "aura" é introduzido em *Pequena história da fotografia*, escrito em 1931, e desenvolvido no ensaio sobre a *Obra de arte na era de sua reprodução técnica*. Cf. Oitava e Nona lições.

dade. Ao valorizar o ideal de transparência – que lembra a valorização da "porosidade' identificada pelo autor em Nápoles – ele encontra elementos suficientes para empreender uma crítica do "interior burguês", do homem que o habita – a quem chama de homem-estojo –, da decoração das casas e dos salões burgueses, povoados com mobiliário que inibe o habitante. A casa de vidro – assim como a arquitetura da Bauhaus – permitiria o desaparecimento dos velhos hábitos e costumes: mais precisamente, renovaria a atmosfera geral ao superar a encenação do proprietário, que, entre outros gestos, simula a acumulação do capital com o uso de espelhos em móveis, como ocorre com a cristaleira. O uso do vidro na arquitetura permite a Benjamin retomar a palavra de ordem de Brecht: "apaguemos os rastros!"

A valorização dessa forma positiva de barbárie permite ao autor postular a construção de uma nova imagem da vida, vislumbrada como possível. O homem novo conceberia a superação da atual complexidade da vida, com seus ritmos grandiosos e velozes, tal como promoveria uma nova forma de relação entre o homem e a natureza, vista como problemática desde o Renascimento – como apontado no aforismo *Rumo ao planetário*[7] –, época em que ela teria sido submetida a um ideal de dominação,

---

7. Analisado anteriormente. Cf. Quarta lição.

cujos efeitos perversos nos mais diversos aspectos atravessariam a Modernidade. A transformação de tal relação permitiria ainda estabelecimento de uma nova equação entre o conforto – oferecido pelos produtos técnicos modernos, que isolam o homem e rompem o processo civilizatório, segundo a formulação do autor em 1938, no segundo ensaio sobre Baudelaire – e o "primitivismo". Ou seja, o conforto do homem associado a outros homens, como teria ocorrido nas sociedades pré-industriais.

Ao postular um conceito positivo de barbárie, o ensaio pode surpreender o leitor. Porém, ele resulta de uma avaliação precisa do momento histórico por parte de Benjamin, tendo sido escrito no mesmo ano em que Hitler chegou ao poder. Visto dessa perspectiva e inserido no combate à ascensão do Partido Nacional-Socialista, percebe-se como, nesse momento, o autor previa a erupção da catástrofe, que poderia se agravar ante a perspectiva muito concreta da eclosão da guerra. Nesse contexto histórico, dramático, a introdução de tal conceito viabiliza uma perspectiva de resistência e de luta, afirmando a possibilidade de esse "homem novo" conferir um pouco de humanidade à massa – o verdadeiro sujeito histórico, segundo Benjamin –, que poderia talvez retribuir "com juros e juros dos juros". O ensaio é assim uma tentativa de injetar otimismo no pessimismo.

Em 1936, Walter Benjamin intensifica a análise das transformações ocorridas na estrutura de nossa experiência – em seus vários aspectos – à época do triunfo da organização industrial do trabalho, ou seja, na segunda metade do século XIX. Em *O narrador: considerações sobre a obra de Nicolau Leskov*, ele demonstra como a capacidade de termos experiência – e, consequentemente, de narrá--las – estava em franco declínio naquele período: tal fato, segundo ele, se intensificou notavelmente após a Guerra Mundial de 1914. No plano econômico, ele se relacionava com o fim da atividade artesanal e sua substituição pelo trabalho mecânico nas linhas de montagem das indústrias; no plano cultural, com o desaparecimento da narrativa, "que é uma forma artesanal de comunicação" – e, portanto, do narrador "que sabe contar a história inteira" – esta sendo substituída primeiramente pelo romance e, logo após, pela notícia informativa típica da imprensa moderna; no plano propriamente social, com o aparecimento do homem imerso nas multidões e nas massas, fenômeno relacionado com a formação das primeiras grandes metrópoles, como Londres e Paris.

Nesse ensaio, Benjamin confronta as diferentes formas de comunicação, traçando delas uma história genérica. Assim, tanto narrativa quanto romance são concebidos como formas de comunicação. Considerá-las filosoficamente foi o seu modo de entender as implicações sociais e políticas de suas transformações, especialmente no tocante ao declínio da experiência. Por essa via, ele pretende apontar os efeitos perversos de tal história, ambicionando ainda caracterizar o sentido e as contradições da Modernidade.

Para ele, a figura do narrador, que alimenta a narrativa, tem origem remota em duas figuras exemplares: a do viajante e a do camponês sedentário. Enquanto o primeiro se relaciona com os povos distantes – referente à dimensão espacial, portanto –, o segundo narra as histórias das gerações anteriores – vale dizer, inscritas na dimensão temporal. Posteriormente, esses dois tipos se interpenetram nas corporações medievais, com o artesão sedentário e o aprendiz viajante, o qual, por sua vez, se tornará ele próprio mestre e narrador. Ainda segundo Benjamin, o narrador tem origem humilde, sendo em geral um homem do povo, apresentado como o justo. Ele sabe dar conselhos, pois a narrativa apresenta sempre um valor prático: essa qualidade implica a sabedoria, outro de seus traços fundamentais. A atrofia da arte de narrar também está determinada pela retração da sabedoria em um processo que, segundo o autor, remonta ao desenvolvimento secular das forças produtivas.

A narrativa está relacionada à transmissão de histórias de geração para geração, em longa tradição oral, embora ela também admita a escrita. Ela está relacionada ao ritmo lento do trabalho artesanal, que imita "a paciência da natureza", condição que facilita a memorização da história e o desenvolvimento da própria capacidade de narrar. Dessa perspectiva, a narração implica também o ato de ouvir, capacidade socialmente importante como meio privilegiado de aprendizagem do que é fundamental para uma comunidade ou um povo. Por isso, a memória é considerada por Benjamin como uma faculdade épica: o ouvinte será também um narrador. Esse é ainda concebido como "leal à época da literatura ingênua, segundo Schiller".

O narrador expõe ou narra uma experiência coletiva. Ele também conhece a estrutura e a hierarquia social, movendo-se nela com desenvoltura, "como em uma escada, para cima e para baixo". Dentre as diferentes narrativas, Benjamin destaca o conto de fadas, cujos personagens revelam a astúcia do narrador e seu papel fundamental na luta para enfrentar e superar o mito, visto como um pesadelo – em passagem que lembra, de algum modo, a formulação básica de *Dialética do esclarecimento*, de Theodor Adorno e Max Horkheimer. A narrativa também remete a uma forma de cumplicidade entre o homem e a natureza, cumplicidade rompida desde a hegemonia do projeto burguês de dominação da natureza.

É como resultante do nascimento do romance que Benjamin concebe a crise da narrativa, que, porém, seria agravada pelo aparecimento da informação, que desfere no ato de narrar o golpe decisivo. O romance é para ele um gênero literário moderno, cuja existência pressupõe a imprensa e o livro, que são objetos técnicos. Ele difere radicalmente da narrativa porque nem a aproveita, nem a alimenta. Com isso, ele adota a concepção de romance elaborada por Georg Lukács, que, em *Teoria do Romance,* o caracteriza como um gênero eminentemente burguês. De fato, enquanto na narrativa o narrador retira sua matéria de sua inserção na sociedade, narrando sua experiência ou a da coletividade, o romancista se isola, se "separa do povo", para usar os termos do autor. Solitário, o romancista não pode relatar outra coisa que sua perplexidade diante da existência, já que esta parece desprovida de sentido. Esta talvez seja a matéria fundamental de todo romance: a busca de uma resposta para a indagação "Qual o sentido da vida?" Por essa razão, ele tampouco é fruto da sabedoria, o que faz de Dom Quixote obra exemplar do gênero. A melancolia, enquanto espécie de sentimento de perda permanente, acompanhada de certo rebaixamento do "eu", o marca. É justamente o que leva Benjamin a adotar sobre ele a visão de Lukács, considerando-o como "a forma do desenraizamento transcendental".

O leitor de romance difere muito do ouvinte da narrativa. Como o romancista, ele também é um solitário, alguém tomado pelo sentimento de que a vida é desprovida de sentido, que não encontra amparo em nenhuma comunidade. Por meio da leitura, ele procura desesperadamente encontrar um sentido na vida das personagens como um modo de – a formulação é de Benjamin – "aquecer sua própria vida congelada".

Desde o século XIX o romance enfrenta a concorrência de outra forma de comunicação – a informação – que, além de desferir na narrativa um golpe mortal, como foi dito acima, exerce sobre ele um abalo considerável. A informação é objeto de reflexão por parte de Benjamin não apenas em *O narrador*, mas também nos dois ensaios dedicados à análise da lírica moderna: *A Paris do segundo império em Baudelaire* e *Sobre alguns temas em Baudelaire*. No primeiro, elabora até mesmo uma espécie de história do jornalismo no século XIX, que de algum modo prenuncia o conceito de indústria cultural elaborado em 1946 por Adorno e Horkheimer. Nesses textos, a informação aparece concisa, destinada ao consumo rápido, dependendo sempre da novidade, pois ela obedece à lógica do mais recente. Ela se esgota em si mesma não deixando marcas, acompanhada que é, sempre, pela explicação, o que tolhe a imaginação do leitor. Ela desautoriza o narrador, sendo adequada a uma época em que o tempo é acelerado, em que tudo é abreviado. Além disso, seu suporte, o jornal, busca impedir que os fatos e acontecimentos sociais sejam integrados à experiência do leitor: paradoxalmente, ele produz um afastamento deste em relação à vida social, estimulando a formação de uma vida interior estritamente privada.

Benjamin também desenvolverá a noção de experiência e de vivência em *Sobre alguns temas em Baudelaire*.

Sétima lição

Experiência e vivência: choque e modernidade

O livro *Charles Baudelaire: um lírico no auge do capitalismo,* que na edição brasileira (1989) inclui *Parque Central*, além de dois ensaios extraídos da obra das *Passagens*, é dedicado à análise da poesia desse poeta francês, em particular de *As flores do mal*. Os dois primeiros ensaios, que constituem o cerne da obra, devem ser lidos com certo cuidado: de fato, o primeiro (*Paris do segundo império*, dividido em três partes: *A Boêmia, O Flâneur, A Modernidade*) foi recusado para publicação na revista do Instituto de Pesquisas Sociais por Adorno, que o considerou demasiadamente esquemático, com pouco desenvolvimento teórico e insuficiência dialética. Benjamin, estimulado pelo amigo, embora algo contrariado, elaborou uma segunda versão (*Sobre alguns temas em Baudelaire*), que Adorno elogiou vivamente, considerando-o exemplar e refinadamente dialético.

Nesse ensaio, partindo de considerações sobre *Matéria e memória* – em que Henri Bergson tenta demonstrar como a estrutura da memória é decisiva para a da experiência, cujo caráter ele finalmente associa à "duração" – e sobre a obra de Marcel Proust – que assimila e altera a formulação inicial do filósofo –, Benjamin examina o conceito de "memória involuntária" elaborada nos sete volumes de *Em busca do tempo perdido,* contrapondo-o ao de "memória voluntária". Enquanto esta depende da vontade intelectual, a primeira não é acessível ao indivíduo nem livremente, nem por decisão racional, pois o acesso a ela depende de fatores que não são conscientemente controlados pelo sujeito. Em Proust, o acesso a ela ocorre por acaso, facilitado pelo efeito, no adulto, do sabor do doce apreciado na infância. Dessas considerações, Benjamin comprova a relação existente entre a memória involuntária e a experiência, que teria sido originalmente sugerida por Bergson. Essa pode então ser concebida como

> [...] matéria da tradição, tanto na vida privada quanto na coletiva. Forma-se menos com dados isolados e rigorosamente fixados na memória do que com dados acumulados e, frequentemente, inconscientes, que afluem à memória (BENJAMIN, 1989, p. 105).

Benjamin acrescenta ainda que "onde há experiência no sentido estrito do termo, entram em conjunção, na memória, certos conteúdos do passado individual com outros do passado coletivo" (p. 107). Ou seja, o conceito de experiência é agora filosoficamente elaborado e não se resume em ser resultante de trabalho longo e prolongado nem se esgota na sabedoria, de valor social, adquirida em tal processo.

Benjamin contrapõe à obra de Proust a empreitada de Charles Baudelaire, cujo objetivo seria o de criar uma forma expressiva capaz de traduzir os choques da consciência, isto é, o empenho do indivíduo moderno em aparar os inúmeros e intensos estímulos exteriores que sobre ele atuam, principalmente no meio da multidão ou das massas no cenário das grandes cidades, "com suas inúmeras relações entrecortantes". O objetivo benjaminiano é o de decifrar a alteração na estrutura de nossa experiência.

Para tanto, recorre às concepções elaboradas por Freud em *Para além do princípio de prazer* acerca da experiência traumática, segundo as quais "o consciente surge no lugar de uma impressão mnemônica" (p. 108). Ou seja, Freud teria oposto o consciente à memória, apontando a existência de dois sistemas psíquicos que não operariam no mesmo plano nem teriam o mesmo alcance. Assim, a memória estaria ligada a processos psíquicos que não se tornam conscientes, não são vivenciados conscientemente, mas permitem a sedimentação duradoura dos estímulos e de seus elementos. O autor aproxima assim a concepção freudiana da memória da concepção proustiana da memória involuntária. A constituição dessa estaria relacionada às atividades humanas, que envolvem tanto uma não saturação de estímulos exteriores quanto um tempo adequado ao ritmo natural, biológico, do ser humano. Essas atividades estariam vinculadas à tradição, a "um tempo em que o tempo não contava", a uma época "que conhecia o trabalho lento e prolongado" e, consequentemente, às atividades do trabalho artesanal. Elas seriam o fundamento da construção da "experiência". Os elementos sedimentados na memória, originários das atividades ligadas ao artesanato, podiam, a qualquer tempo, ser mobilizados pelo sujeito no momento em que esse se deparasse com dificuldades novas, similares às anteriormente enfrentadas: nesse sentido, ele seria "sábio" e "experiente".

Na época do triunfo da organização industrial do trabalho, porém, isto deixaria de ser viável. Tal forma de organização, que exige a constante aceleração do movimento das máquinas na produção com o objetivo de produzir mais em menos tempo e, por extensão, requer também a agitação sem precedentes do corpo humano, que é forçado a executar o mesmo gesto inúmeras vezes em uma fração cada vez menor de tempo, associada ao consequente desenvolvimento inédito das metrópoles, tomadas então por movimentação febril e inusitado sistema de tráfego – saturado de instantes e de estímulos os mais variados –, impõe ao indivíduo moderno um formidável acúmulo de estímulos exteriores, que o forçam a reagir cada vez mais rapidamente aos acontecimentos com os quais ele se envolve. Nessas condições, o consciente agiria com uma função específica: "a de agir como proteção contra os estímulos" (BENJAMIN, 1989, p. 109), devendo estar empenhado, sobretudo, em "preservar as formas específicas de conversão de energia nele operantes contra a influência uniformizante e, por conseguinte, destrutiva das imensas energias ativas no exterior" (p. 109). Ou seja, para Benjamin, apoiado em Freud, as energias do mundo exterior, que incidem sobre o aparato psíquico e perceptivo do indivíduo moderno, se tornam ameaçadoras, provocando choques no consciente: "Quanto mais corrente se tornar o registro desses choques no consciente, tanto menos se deverá esperar deles um efeito traumático" (BENJAMIN, 1989, p. 109). Com esse intricado raciocínio, ele conclui que o homem moderno é forçado a "desenvolver um treinamento no controle dos estímulos" (p. 110) e que "o fato de o choque ser assim amortecido e aparado pelo consciente emprestaria ao evento que o provoca o caráter de experiência vivida em sentido restrito" (p. 110). Desse modo, relaciona a presença do "fator de choque em cada impressão" com a presença do consciente, de maneira que, quanto maior for o êxito da ação desse, "tanto menos essas impressões serão incorporadas à experiência e tanto mais corresponderão ao conceito de vivência" (p. 111).

O que, enfim, podemos chamar de "vivência" (*Erlebnis*), que se contrapõe à "experiência" (*Erfahrung*)? Vivência é, por assim dizer, a experiência degradada, à qual estão condenados os indivíduos isolados, atomizados, por imposição da organização industrial do trabalho e da própria sociedade que a sustenta. Ela provém da necessidade, sentida pelo homem moderno, de enfrentar a multiplicidade e a intensidade dos estímulos exteriores, que, por seu ímpeto e fugacidade, o impedem de assimilá-los ou sedimentá-los e, consequentemente, de se apropriar deles na forma de conhecimento acumulado, como ocorre na experiência. Vivência é, assim, se não completamente original e inusitado, um fenômeno típico da moderna sociedade burguesa.

A análise benjaminiana da vivência – ou "experiência de choque" – não se restringe ao universo da produção e tampouco é característica exclusiva do trabalhador industrial. Ao contrário, Benjamin procura mostrar como a experiência de choque é implicada pelos mais variados aspectos da vida moderna. Por meio de análise de textos literários de Edgar Alan Poe e de Charles Baudelaire, ele mostra como "o homem da multidão" ou o habitante da grande metrópole é obrigado a enfrentar uma extraordinária saturação de estímulos exteriores enquanto caminha pelas ruas repletas de transeuntes e de veículos, sendo nelas forçado a agir reflexamente em função da intensidade e da velocidade dos estímulos provenientes do tráfego, da aglomeração, do movimento da massa, dos sinais de trânsito – de forma a configurar ao olhar enorme importância social. Essas atividades, porém, não permitem a formação de um conhecimento específico, não implicam qualquer tipo de memorização. O mesmo ocorre quando as massas se dirigem aos locais de lazer em busca de diversão: esses locais produzem efeitos tão intensos e rápidos quanto as máquinas no universo produtivo ou o tráfego nas grandes avenidas, tornando-se importante meio de adestramento dos desempregados. Por essa razão, Benjamin pode afirmar que o homem moderno é um "caleidoscópio dotado de consciência", submetido a formidáveis choques, incapaz de agir senão de modo reflexo e automatizado, sendo ainda completamente desprovido de memória: em outras palavras, está objetivamente impedido de estruturar sua prática em uma dimensão temporal, sendo forçado a viver isoladamente cada gesto e a experimentar um tempo esfacelado, semelhante a um "tempo infernal", no qual o presente se torna eterno.

O ensaio também desenvolve uma reflexão sobre as afinidades eletivas entre o trabalho industrial nas linhas de montagem e o jogo de azar, na qual o trabalhador aparece como o jogador que a cada lance parte de uma *tabula rasa*, pois não pode assimilar nenhum conhecimento do lance anterior. Procura ainda interpretar as alegorias da poesia de Baudelaire, a figura do *flâneur*, para, no final, empreender uma instigante análise da reificação do homem moderno, examinando a opacidade do olhar.

O *flâneur* é concebido como um tipo social que buscou se diferenciar das multidões ou da massa recusando-se a ser membro anônimo dela, diferindo assim do homem da multidão, que, fascinado por ela, se deixa conduzir para onde ela o levar. O *flâneur*, ao contrário, quer mostrar sua individualidade recusando também o trabalho. As passagens são sua moradia. Nelas, anda vagarosamente, por vezes arrastando uma tartaruga, simulando o ócio e a disponibilidade. No entanto, ele só pode existir em função da massa, que lhe permite uma encenação da individualidade: "a massa é o véu através do qual a cidade acena para o *flâneur*" (BENJAMIN, apud ROUANET, 1981, p. 65). Em suas andanças pelas ruas, nelas ele descobre os vestígios do passado, que imagina serem também os de sua própria história: ainda não é um completo desmemoriado. Entretanto, como salienta Rouanet (1981, p. 66), em pouco tempo o desenvolvimento da cidade capitalista cria condições materiais que dificultam ou impedem sua existência: acuado, ele imagina poder se refugiar ainda uma última vez nas lojas de luxo, os grandes magazines, ato que Benjamin, no entanto, interpreta de modo alegórico, pois, identificado com o poeta, ele finge ociosidade, quando de fato "busca um comprador". Com isso, aponta Benjamin, "a inteligência se dirige ao mercado".

A poesia de Baudelaire visa "o satanismo, o *spleen*, o erotismo desviante". Por isso é alegórica, mas não no sentido da alegoria do século XVII: "A alegoria de Baudelaire traz, ao contrário da barroca, as marcas da cólera, indispensável para invadir esse mundo e arruinar suas criações harmônicas" (BENJAMIN, 1989, p. 164). Seus versos extraem poder do ódio, do "desejo de interromper o curso do mundo" e do recurso à visão alegórica, pois "a alegoria é a armadura da Modernidade."

Oitava lição

Arte e técnica: fotografia e cinema

Em 1931, Benjamin redige um importante ensaio intitulado *Pequena história da fotografia*. O texto mostra, por um lado, a continuidade do seu interesse pela questão da técnica, já examinada na resenha *Teorias do fascismo alemão* (1930). Contudo, se nessa o autor realça o aspecto sombrio da técnica, dado seu enredamento na lógica do capital e o fato de se prestar, assim, ao processo social de dominação – que o leva inclusive a citar a frase famosa de Leon Daudet: "O automóvel é a guerra" –, na reflexão sobre a fotografia ela desponta como capaz de promover a emancipação humana. Por outro lado, manifesta uma espécie de deslocamento de seus interesses intelectuais e críticos, que doravante se dirigiriam, sobretudo, para as novas formas técnicas de arte e não mais exclusivamente para a literatura, como em geral, até então, ocorrera. Poucos anos mais tarde, esse deslocamento ganharia enorme importância em seu combate intelectual e político contra o fascismo, redundando inclusive em discordância com as diretrizes culturais do Partido Comunista e também com Lukács, que concebia ser a literatura o principal instrumento cultural nessa luta.

No ensaio em apreço, a reflexão pretende identificar o potencial da fotografia enquanto forma, sem deixar de atestar sua possibilidade de comercialização e, portanto, de apropriação pelo capital. A tese central implica uma crítica radical à reação dos intelectuais e dos pintores do final do século XIX, que na fotografia – dado o seu caráter técnico – percebiam uma ameaça à criação individual e à noção mesma de arte. Benjamin identifica nessa postura uma reação conservadora, que, ao rejeitar a técnica, conduz à formulação de um conceito fetichista de arte e à afirmação ideológica da noção de criatividade. Tal crítica demonstra também que ele continua a questionar tanto a noção predominante de arte quanto a de artista ou de intelectual, tema constante em sua produção teórica após 1925 e decisivo em sua nova noção de crítica cultural materialista. Muitas das críticas levadas a cabo no ensaio sobre esse assunto ou retomam aspectos do estudo sobre o surrealismo ou serão retomadas nos ensaios *Experiência e pobreza* (1933) e *O autor como produtor* (1934).

Ao examinar os vários momentos implicados na relação entre pintura e fotografia, Benjamin chama a atenção para o fato de que, com o passar dos anos, "os técnicos substituíram os pintores". Desenvolve também forte argumentação objetivando defender as qualidades do novo meio, que causava certo espanto e temor junto ao público – anunciando assim, ainda que indiretamente, o conceito de choque – salientando sua capacidade de ampliar o campo do visível, o que acarretaria a ele considerável valor cognitivo. Em função desse aspecto, introduz um conceito fundamental: o de "inconsciente ótico", que será retomado na defesa do cinema empreendida no ensaio sobre *A obra de arte na era de sua reprodutibilidade técnica* (1935-1936). De origem freudiana, esse conceito afirma ser a fotografia apta a desvelar aspectos da realidade que não seriam jamais observáveis pelo olho humano. A câmera aparece assim como capaz de potencializar o olhar.

Ao destacar as virtudes da fotografia, comprova ser a beleza dela emanada resultante de sua natureza técnica: com tal argumento, atinge o cerne da visão ideológica e tradicional sobre a arte, que insiste em afirmar a capacidade criativa do gênero humano, pressupondo ser a beleza resultado exclusivo de sua ação. Procedendo desse modo, avança uma das teses mais contundentes do ensaio, a saber: doravante, não se deveria considerar a fotografia como mais um tipo de arte, pois isso a enquadraria num conceito fetichizado; em contrapartida, sugere que devemos considerar "a arte como fotografia", fórmula que contemplaria a liquidação da arte tradicional e, ao mesmo tempo, estabeleceria para essa um novo conceito na era da reprodução técnica.

No ensaio, Benjamin introduz ainda alguns conceitos fundamentais de sua obra posterior, como o conceito de "aura" – que será desenvolvido no ensaio, acima referido, em que promove o cinema à condição de arte revolucionária. O conceito aponta para uma combinação muito particular de tempo e espaço, de proximidade e distância, definindo-o como "a aparição de uma distância, por mais próxima que ela esteja". De algum modo, sem dúvida, a original trama de tempo e espaço implicada no conceito remete à obra de Kant, que, no final da década de 1920, tanta influência exerceu sobre o pensamento de Benjamin. Embora de origem social, a aura é caracterizada com um exemplo tomado à natureza, procedimento responsável por certa confusão entre os estudiosos de sua obra.

Ele argumenta que a "aura" das primeiras fotos não resulta de uma suposta técnica "primitiva" dos primórdios da fotografia, como queriam os que a essa se opunham, sendo antes provocada por uma convergência muito delicada de objeto e técnica, de assunto e fotógrafo: mais precisamente, do burguês e do fotógrafo enquanto técnico. Posteriormente, no entanto, esse tipo de aura teria desaparecido: fato que ele interpreta como sintoma do declínio da burguesia imperialista, ecoando ainda a influência, em sua obra *História e consciência de classe*. Ao suscitar o declínio da aura, a fotografia provocaria assim forte abalo na noção predominante de arte. Como exemplo, menciona Atget – que voltará a ser nomeado no ensaio de 1935-1936 –, cuja obra evita captar o rosto humano, preferindo fotografar as "coisas perdidas e transviadas". Essa estratégia privilegiaria a recusa do pomposo, do artificial e do grandiloquente, cultivados pela visão fetichizada da arte.

Outro aspecto fundamental do ensaio refere-se à constituição de uma nova forma de percepção, a qual encontraria na fotografia um meio privilegia-do de expressão. Ao contrário da pintura, que se especializara em retratar indivíduos, ela tenderia a captar o rosto anônimo dos trabalhadores ou dos membros da massa, suscitando assim a ocasião para que a fotografia pudesse ajudar na configura-ção de um tipo de "atlas social", de utilidade para o conhecimento das classes, dos grupos e da própria sociedade. Com isso, sustenta ser a fotografia supe-rior à pintura, argumento que será retomado em sua defesa do cinema no ensaio de 1935-1936.

Por fim, cabe destacar que Benjamin defende as novas técnicas de reprodução – o que o levará posteriormente a defender o cinema – pois elas transformariam até mesmo o modo de se conceber as grandes obras, já que essas passariam a ser consideradas como criações coletivas. A própria reprodução é objeto de reflexão de sua parte: ele a concebe como uma "técnica de miniaturização", o que significa maior controle humano sobre o produto cultural. Ou seja, ela ocasionaria uma maior proximidade entre a arte e o fruidor. Convém salientar ainda que o ensaio contém muitos argumentos e reflexões que podem ser considerados como prenunciadores do conceito de indústria cultural elaborado por Adorno e Horkheimer em *Dialética do esclarecimento* (1946).

Em 1935-1936, Benjamin elabora um de seus mais célebres ensaios: *A obra de arte na era de sua reprodutibilidade técnica*, que terá três distintas versões. À primeira, criticada e recusada por Adorno, segue-se a edição francesa, revista por Benjamin e publicada na revista do Instituto de Pesquisas Sociais com modificações impositivamente introduzidas por Horkheimer, e, em 1939, aquela que seria a definitiva. (Como acontece com muitos de seus ensaios, esse fato exige do leitor ou de quem o cita a referência à versão utilizada.) O texto apresenta tanto uma nova teoria da arte quanto uma teoria do conhecimento, mantendo relações estreitas com ensaios anteriores, como *O narrador, O autor como produtor* e *Experiência e pobreza*, além de retomar muitas das teses apresentadas em *Pequena história da fotografia*. Foi concebido em estreita relação com o projeto da obra das *Passagens*.

Alguns estudiosos de sua obra, como Detlev Schöttker (2012), consideram o texto não como um ensaio, mas como um livro, destacando ter ele um "Preâmbulo" e partes numeradas, que seriam os 15 capítulos, além de um "Epílogo". Sua estrutura, segundo Schöttker (2012, p. 65), é assim concebida: 1. Prêambulo: marxismo e teoria da arte; 2. Parte histórica: história da arte e das mídias (2.1. Reprodução técnica e mudanças na arte, cap. I a III; 2.2. Mudanças na percepção, cap. III a VI); 3. Transição: debate sobre a fotografia e antigas teorias sobre o cinema (cap. V a VII); 4. Parte estética: o filme e as artes (4.1. Mudanças de imagem e de experiência, cap. VII a XI e 4.2. Recepção do filme e da arte, cap. XII a XV); 5. Epílogo: arte e política no fascismo.

O texto pretende comprovar a tese de Paul Valery, que afirma a técnica como capaz de causar mudanças profundas na arte. Nessa direção, analisa o impacto das novas técnicas de reprodução que, na esteira da imprensa, reproduzem sons e imagens, transformando assim o modo de influência das obras herdadas da tradição e conferindo a elas atualidade. Além disso, tais técnicas também originam novas formas de arte, como o cinema e a fotografia, que serão consideradas como superiores às herdadas da tradição cultural burguesa, como a pintura e o teatro. Essa superioridade adviria de elas, por sua própria natureza técnica, superarem o caráter único, irrepetível, das obras do passado, fato que as emanciparia do âmbito da tradição e da relação cultual exigida pela obra única e autêntica. Assim, enquanto a pintura se destinaria à contemplação e a um público restrito – como ocorre em um museu –, a obra de caráter técnico seria destinada a um público amplo, podendo assim expressar a nova percepção oriunda da presença e afirmação das massas no cenário político e social do século XX. Esta nova forma de percepção das massas doravante exigiria que as coisas lhes fossem próximas; ao mesmo tempo, elas só perceberiam o que é múltiplo. Além disso, o cinema também teria um enorme valor cognitivo, pois desvendaria o "inconsciente ótico, assim como a psicanálise desvendaria o inconsciente pulsional".

Benjamin sustenta ser a arte de caráter técnico, assim como a própria reprodução mecânica das obras do passado, capaz de provocar o desaparecimento da "aura" da obra de arte, retomando assim algumas das teses apresentadas no ensaio sobre a história da fotografia. A arte pós-aurática apresentaria um novo fundamento: a política. Seu maior exemplo seria dado pelo cinema.

O estudo tem ainda como objetivo denunciar o que o autor chama de "estetização da política" – praticada pelo fascismo, com repercussão no futurismo italiano capitaneado por Marinetti –, prática à qual Benjamin contrapõe a "politização da arte."

O itinerário do ensaio (ou livro) mostra que, ao invés de pensar o cinema como capaz de representar uma expansão do campo artístico (o que, na sua visão, apareceria como atitude reacionária), ou ainda como ponto avançado do desenvolvimento da própria história da arte e da cultura, no qual vários aspectos das experiências artísticas originárias das vanguardas poderiam ser satisfatoriamente concretizados, Benjamin parece preferir concebê-lo como a negação determinada da tradição artística herdada do Renascimento: interrompendo o *continuum* histórico da tradição e fazendo a arte "saltar para fora dos trilhos" dessa mesma tradição ou continuidade. Repetindo a fórmula do ensaio sobre a fotografia, deveríamos passar a falar na arte como cinema. Somente assim o cinema poderia surgir como fundante de uma concepção revolucionária de arte: pós-aurática. Essa visão o levou a desentendimentos teóricos com Adorno, que, em 1938, refletiria criticamente sobre os efeitos perversos da difusão técnica da música em *O fetichismo da música e a regressão da audição*.

Nona lição

O cinema e a liquidação da arte aurática

No "Preâmbulo" de *A obra de arte na era de sua reprodutibilidade técnica*, Benjamin torna claro seu objetivo: examinar as implicações das significativas mudanças ocorridas, por volta de 1880, no universo da produção industrial, que somente "após meio século" teriam se tornado efetivamente visíveis. Desse material quer extrair alguns prognósticos "a respeito das tendências evolutivas da arte nas condições atuais da produção capitalista". Em outras palavras: de modo semelhante à análise de Marx sobre a economia capitalista, pretende nada menos que elaborar um prognóstico preciso sobre as possibilidades materiais das transformações da arte, incluindo até mesmo a transformação da própria noção de arte. No final do "Preâmbulo", ele afirma concretizar tal análise com a recusa sistemática de conceitos tradicionais da teoria da arte – como os de "gênio" ou "obra-prima" –, dos quais o fascismo poderia perfeitamente se apropriar. Em contrapartida, procuraria elaborar conceitos revolucionários nesse setor de atividade, que de modo algum poderiam servir aos propósitos da política fascista.

Os capítulos I a III são dedicados à análise genérica da história da arte e das técnicas de reprodução, uma vez que a arte sempre foi reprodutível. Traça uma história geral desse tipo de técnica, cujo desenvolvimento teria ocorrido aos saltos, de modo descontínuo e em diferentes períodos históricos, geralmente com grandes intervalos entre eles. A invenção da imprensa é vista, no caso, como "um caso particular" do amplo processo da reprodução técnica dos diferentes modos de expressão. Segundo o autor, apenas com a fotografia surgiria uma técnica de reprodução verdadeiramente capaz de amplas consequências. Surge, então, uma das principais teses do texto: a reprodução técnica da obra de arte não apenas altera profundamente os modos de influência da tradição cultural como estabelece novas e originais formas de arte – tese já anunciada, ainda que parcialmente, no ensaio dedicado à análise da história da fotografia.

Ele argumenta que a reprodução técnica destrói a "autenticidade" da obra de arte, além de lhe conferir novo valor de uso, por aproximá-la do fruidor: a proximidade atribui atualidade à obra na época das massas. Essa conclusão permite a introdução de outra ideia radical: ao abalar a autoridade da arte, ele diz, a reprodução técnica contribui de modo decisivo para o acirramento do declínio da aura da obra de arte, dela suprimindo o elemento cultual, visto ser a aura a presença de algo distante no tempo – portanto, inatingível – por mais próximo (espacialmente) que esteja de nós.

É o que torna possível identificar na arte tecnicamente reproduzida o embrião de uma cultura não aurática, livre do peso da tradição – que aparece aqui como algo negativo –, capaz de superar (no sentido mais precisamente dialético de realizar) a cultura tradicional burguesa e, assim, "renovar a humanidade e a cultura". Em outros termos: permite identificar, no processo cultural agora mediado pela técnica, as condições materiais adequadas ao florescimento de uma cultura não aurática, destinada a ser uma cultura revolucionária das massas. O principal agente da constituição de tal cultura – e do simultâneo declínio da aura – seria o cinema. Esse desponta, no ensaio, como o elemento capaz de destruir a herança de séculos de cultura aurática, parasitária do culto e nada adequada aos movimentos de massa característicos do século XX. Mas sua postura em relação ao desaparecimento da aura parece sofrer certas mudanças: se nesse texto parece apoiar o fim da aura, no segundo ensaio sobre Baudelaire lamenta seu desaparecimento. Essa ambiguidade é também uma das características de seu pensamento, conferindo-lhe certa tensão nervosa, para não dizer dialética.

Nos capítulos III a VI, Benjamin introduz uma ideia de largo alcance, sem a qual não seria possível desenvolver a reflexão sobre o cinema nem sustentar a supremacia social desse em relação às formas de arte herdadas da tradição, como a pintura e o teatro: afirma o caráter histórico da percepção, sustentando que, no século XX, ocorre uma extraordinária e fecunda transformação da "percepção sensorial" (conforme a tradução brasileira), cujas causas sociais atribui à presença das massas no cenário político e social, como já chegara a sugerir no ensaio sobre a fotografia. Essa nova forma de percepção orientaria o comportamento das massas, que valorizariam a proximidade e a recusa do único, percebendo apenas o que é múltiplo. Essa percepção implicaria a falência da aura. O raciocínio é concluído com a formulação de outra das teses contundentes da obra: o processo de dissolução da arte aurática liberta a arte do jugo da religião e do ritual, conferindo-lhe novo fundamento: doravante, diz Benjamin, ela encontraria seu fundamento na política, o que alteraria por completo seu universo.

O movimento lógico do ensaio conduz Benjamin a distinguir dois modos básicos de recepção: em um deles, a arte é recebida como objeto de culto, no outro, como objeto de exposição. Com o aparecimento da reprodução técnica, surgiram condições amplamente favoráveis à exibição integral e contínua da obra, em detrimento da recepção ritualística ou cultual. Se os primórdios da história da arte favoreceram o culto da arte, a atualidade – a época das massas – favorece e reclama sua franca exposição. Nesse novo contexto, sua função tradicional tenderia a se transformar, ensejando-lhe o desempenho de funções inteiramente novas e originais. Com essa concepção, Benjamin encerra o primeiro momento da obra, a saber, a demonstração da liquidação da arte aurática na atualidade. O segundo momento – se afirmá-lo não for demasiadamente arbitrário – desenvolverá a reflexão sobre a natureza revolucionária da fotografia e do cinema para o universo da arte, no qual ambas são confrontadas com duas formas tradicionais, a pintura e o teatro.

Sua enfática defesa do cinema sustenta ter esse provocado uma neutralização das regras estéticas válidas para a teoria da arte tradicional, ao mesmo tempo em que impunha novas regras para a arte. Comprova a tese por meio da comparação entre o ator de cinema e o ator de teatro, dado existir entre eles uma diferença fundamental: o cinema não se prestaria, de modo algum, a uma recepção cultual ou ritualística. Isso não ocorreria com o teatro. O ator cinematográfico interpreta para um aparelho, não se dirige diretamente ao público, como faz o ator no teatro. Assim, ao representar para o olho da câmera, ele é submetido a uma série de testes óticos, que permitem ao espectador examiná-lo cientificamente. Por essa razão, o cinema teria enorme valor cognitivo, tanto por permitir o conhecimento de aspectos desconhecidos do comportamento humano como por penetrar a estrutura da realidade. Nisso, ele seria superior à pintura: a natureza que fala à câmera não é a mesma que fala ao olho. O cinema também ajudaria a desvelar o inconsciente ótico, outro conceito introduzido no ensaio sobre a fotografia.

Benjamin desenvolve ainda algumas outras teses fundamentais sobre o cinema como arte revolucionária. Salienta-lhe o valor político sempre que os "capitalistas do cinema" conduzem o jogo afirmando que "o único papel revolucionário do cinema é empreender a crítica das concepções tradicionais arte". Tal conclusão indica a natureza de sua análise: sem se deter no conteúdo político dos filmes, ela pensa o cinema como forma, destaca suas capacidades e possibilidades formais. Seu valor político estaria, pois, condicionado pela possibilidade de apropriação por parte do capital, fato que redundaria na produção de filmes destinados a estimular a atenção das massas para representações "ilusórias e espetáculos equívocos", servindo para "desorientá-las e iludi-las" – formulação que, de algum modo, lembra o conceito de indústria cultural.

Por requerer exibição coletiva, o cinema suscita no público determinadas reações, que não apenas orienta a reação de cada espectador como a ela se sobrepõem. O espectador poderia experimentar tanto prazer e distração quanto certo grau crítico de apreciação do filme, o que demarcaria a relação do cinema com as massas. Diante disso, Benjamin conclui estar a pintura historicamente superada, tanto por seu modo arcaico de produção (não requer aparato técnico), como por ser inapropriada ao consumo massivo. Por isso mesmo, a análise da recepção de tais meios expressivos desemboca na afirmação de que as massas são progressistas em relação ao cinema, mas reacionárias frente à pintura.

Benjamin concebe genericamente ser comum na história da arte a busca de efeitos que só seriam plenamente alcançados com a introdução de um novo meio técnico. Teria ocorrido, por exemplo, com o Dadaísmo, que almejou efeitos apenas concretizáveis com o cinema. Extinguir a fruição contemplativa da arte ou chocar o espectador, como pretendiam os dadaístas, eram metas que somente o cinema conseguiria realizar. Almejando ser antiartístico, o procedimento dadaísta logrou provocar um curto-circuito na recepção contemplativa, tida por Benjamin como uma forma de comportamento associal. Para tanto, recorreu ao choque e ao escândalo. Desse modo, possibilitou o aparecimento de outra forma de recepção dos produtos artísticos, na qual o choque produzia também uma espécie de descontração, de distensão psíquica, muito aparentada a uma forma de distração divertida. O choque e o escândalo também fazem rir. O conjunto desses aspectos envolvidos na recepção implicava, portanto, o aparecimento de novo tipo de comportamento perante a arte, muito mais coletivo, socializado e ativo. Segundo Benjamin (1983), a diversão tornou-se então um exercício de comportamento social. Necessariamente limitados no Dadaísmo, os efeitos do choque só se concretizariam completamente no cinema, forma expressiva sustentada pelo aparecimento brevíssimo de imagens em um fluxo contínuo, a exigir do espectador reação semelhante à do transeunte na metrópole ou à do trabalhador da grande indústria ao operar com as máquinas. Ao equiparar o espectador a essas figuras sociais, Benjamin afirma a atualidade do cinema e, sobretudo, seu valor pedagógico, pois ensinaria as massas a se comportarem nos ambientes modernos:

> O cinema é a forma de arte que corresponde à vida cada vez mais perigosa, destinada ao homem de hoje. A necessidade de se submeter aos efeitos do choque constitui uma adaptação do homem aos perigos que o ameaçam. O cinema equivale a modificações profundas no aparelho perceptivo, aquelas mesmas que vive atualmente, no curso da existência privada, o [...] transeunte na rua [...] e, no curso da história,

qualquer cidadão do Estado contemporâneo (BENJAMIN, 1983, nota 29).

A estrutura do ensaio apresenta natureza dialética. Dessa maneira, a tradição cultural burguesa aparece como antitética em relação às formas artísticas ou culturais do passado remoto, enquanto as tendências da arte no capitalismo do século XX, por ele apontadas, parecem ser uma espécie de solução dialética delas. Nessa perspectiva, a arte e a cultura devem se reaproximar do processo de trabalho e da possibilidade da experiência, notadamente a coletiva. Essa visão parece informar tanto o processo de des-diferenciação entre autor e público, que constitui uma das tendências principais da época – tese desenvolvida em *O autor como produtor* – quanto o fato de o cinema exigir formas de recepção coletiva, que teria na arquitetura uma precursora. Benjamin conclui que a recepção historicamente verificada na arquitetura seria a única adequada a uma época em que predomina a experiência de choque – recepção que seria, hoje, almejada por todas as artes. Sugere ainda que, na atualidade, a arte revolucionária apresentaria nova qualidade por ser coletiva, não ritualística, propiciando ainda a junção de diversão e aprendizado social. Para ele, só esse tipo de arte teria validade na era das massas.

O ensaio é concluído com a fundamentação sociológica da importância do cinema, com destaque para "a importância cada vez maior das massas", inseparável da tendência à "proletarização crescente do homem contemporâneo" no cenário político e social das grandes metrópoles. Na nota de rodapé de número 31, esse fenômeno é posto em conexão com a capacidade e as possibilidades da aparelhagem técnica exigida pelo cinema:

> [...] o aparelho capta os movimentos de massa melhor que o olho humano [...]. Os movimentos de massa [...] representam uma forma de comportamento humano que corresponde, de forma totalmente especial, à técnica dos aparelhos (BENJAMIN, 1983, p. 27).

Conferindo ao cinema, com essa tese, grande significação política, Benjamin pretende atingir um objetivo: desmascarar a natureza da estética fascista que, diante de tal fenômeno, tende a forjar uma forma de expressão para as massas. Na formulação de Benjamin, uma "estetização da política". Que, ao tolher o amadurecimento social da massa proletarizada, dirige-a para algo que efetivamente não é do seu interesse. Mas que, por outro lado, reprime o próprio desenvolvimento da técnica, direcionando-a para a violência e para a guerra imperialista. Na arte, o fascismo saúda os movimentos estéticos que, como o futurismo, buscam glorificar estas duas formas de violência. A essa tendência, Benjamin contrapõe a "politização da arte".

Décima lição

Tempo e história: para interromper o curso do mundo

Sobre o conceito de história foi redigido pouco antes da morte de Benjamin, ocorrida em 29 de setembro de 1940, ao tentar atravessar a fronteira entre a Espanha e a França, para fugir à perseguição dos nazistas. Sua redação é imediatamente posterior à assinatura do pacto germânico-soviético, em 1939, e à consequente e imediata eclosão da guerra. Esses fatos representaram um duro golpe nas esperanças mantidas por intelectuais e militantes políticos de esquerda, provocando entre eles a disseminação de um acentuado sentimento de catástrofe: sentimento ao qual, de alguma maneira, e sem ser tomado por ele, o texto de Benjamin dá expressão. Aparentemente, não foi elaborado com vistas à publicação, sendo antes uma espécie de bloco de notas metodológicas e de diretrizes para o autor, embora alguns intérpretes sustentem manter estreita relação com o projeto das *Passagens*. De qualquer modo, foi publicado no início da década de 1940, como uma homenagem a Benjamin, na revista do Instituto de Pesquisas Sociais.

É composto por 18 teses e 2 apêndices, lembrando as conhecidas *Teses sobre Feuerbach*, elaboradas por Karl Marx. Um dos objetivos é formulado na Tese 8, na qual Benjamin pretende elaborar um novo conceito de história, visto ser insuficiente o até então predominantemente aceito, a fim de, no contexto da luta contra o fascismo, oferecer as diretrizes teóricas mais consequentes para o seu desenvolvimento. Esse objetivo intelectual está diretamente relacionado com outro, de natureza propriamente política, como se pode observar ainda na Tese 8:

> Nossa tarefa é originar um verdadeiro "estado de exceção"; com isso, nossa posição ficará mais forte na luta contra o fascismo. Esse se beneficia da circunstância de que seus adversários o enfrentam em nome do progresso, considerado como norma histórica (BENJAMIN, 1985, p. 226).

As *Teses sobre a filosofia da história* – título dado por Adorno, que as editou – desenvolvem ainda uma crítica radical à noção de progresso e de tempo, às correntes historiográficas que o autor genericamente denomina historicistas, ao processo social de dominação, à ideia de história universal; mas seu aspecto mais contundente é configurado pela pretensão de promover uma "revolução copernicana" na historiografia, que desembocaria na afirmação da "história dos vencidos".

A relação do presente com o passado – e não com o futuro – é questionada, posto que a historiografia tradicional ou historicista deixa de problematizá-la. Benjamin afirma que "[...] articular historicamente o passado não significa conhecê-lo como de fato ele foi. Significa apropriar-se de uma reminiscência, tal como ela relampeja no momento do perigo" (BENJAMIN, 1985, p. 224). A formulação indica modos diversos de apropriação do passado: de fato, enquanto a classe dominante ou herdeira dos vencedores do passado percebem na história uma continuidade, a classe dos vencidos é tomada por uma reminiscência, por uma relação diversa com o passado. A diferença no modo de percebê-lo e de com ele se relacionar indica que Benjamin concebe a história como um campo de forças: a cada momento ela estaria grávida de ao menos duas possibilidades, por ser o local privilegiado da manifestação da luta de classes. Nessa perspectiva, cada acontecimento histórico seria o resultado da vitória de um oponente sobre o outro, fazendo com que a história se mantivesse permanentemente em aberto, sem descartar a hipótese de que pudesse ter se realizado de outro modo. Se isso não ocorreu ainda, sustenta o autor, é porque só os vencedores e seus herdeiros até agora se beneficiaram do mecanismo que garante a opressão e o domínio de uma classe sobre a outra. Mas a continuidade dessa história sugere que o projeto ou as aspirações de uma classe – a dos derrotados de sempre – foram constantemente abortados, arruinados: "[...] todos os que até hoje venceram participam do cortejo triunfal, em que os dominadores de hoje espezinham os corpos dos que estão prostrados no chão" (BENJAMIN, 1985, p. 225).

O passado não é o mesmo para vencedores e derrotados: enquanto as classes dominantes de todas as épocas narram a história a fim de glorificar e celebrar seus feitos e vitórias – o que, em geral, confere a seu modo de construir a narrativa um tom épico, francamente apologético, que considera o passado como coisa morta, superada e irreversível –, os vencidos ou seus herdeiros vislumbram nele os traços arruinados de outro projeto histórico, de outra vida. Obrigados a lembrar, buscam no passado uma possibilidade outra, a promessa de uma vida prematuramente abortada, aquilo que se inscreveu no horizonte da história passada como possível, mas não se concretizou. Daí ser o presente, para eles, o passado arruinado. Essa a razão para que concebam o futuro como o futuro daquele passado, e não como um desenvolvimento desse presente. Os oprimidos devem ouvir os apelos do passado, já que cada geração "é dotada de fraca força messiânica". Eis como Benjamin delineia uma das tarefas do historiador materialista:

> O dom de despertar no passado as cente-
> lhas da esperança é privilégio exclusivo
> do historiador convencido de que também
> os mortos não estarão em segurança se o
> inimigo vencer. E esse inimigo não tem
> cessado de vencer (BENJAMIN, 1985c,
> p. 224-225).

Embora alguns críticos afirmem que a "fraca força messiânica" representa a impotência e a incapacidade das classes dominadas em deter a história dos vencedores, em impedir sua continuidade, outros – como é o caso de Jeanne Marie Gagnebin – sustentam que "[...] é em nossas dúvidas, hesitações, em nossos desvios que pode ainda se insinuar o apelo messiânico [...]" (1994, p. 112), cujo significado, em todo caso, não remete à teologia, mas ao impulso ou à oportunidade revolucionária. Em outros termos: da perspectiva dos derrotados – ou dos vencidos – o passado não silencia, não desaparece nas brumas do tempo, ainda que a história dos vencedores tenda a encobrir ou apagar tanto os momentos revolucionários quanto suas lutas. Tal força apela, com as esperanças despertadas nas lutas passadas, às gerações posteriores, a fim de que elas mesmas realizem, no seu presente, o que as gerações anteriores não lograram realizar. Porém, esse apelo nem sempre será atendido – fato que distancia sua concepção de qualquer tipo de teleologia.

A salvação ou redenção do passado nada tem de teológico, devendo ser entendida tanto como uma atualização do passado por meio da narração e da consequente recuperação das lutas e aspirações dos oprimidos, que, assim, retornam à ordem do dia brilhando ainda uma vez no céu da história – tarefa para a qual o historiador pode contribuir – quanto como a realização prática de suas aspirações. Salvar o passado, nesse sentido, implica transformar o presente: mais precisamente, em interromper a continuidade da história dos vencedores. Provavelmente é devido a isso que Benjamin (1985, p. 224) recorre à imagem do perigo e da afirmação da necessidade da ação: "[...] o perigo ameaça tanto a existência da tradição como a dos que a recebem. Para ambos, o perigo é o mesmo: entregar-se às classes dominantes, como seu instrumento".

Com isso, do ponto de vista dos oprimidos, tampouco o presente coincide com o presente concebido pela história dos vencedores, para a qual ele é a parcela do tempo histórico capaz de, sem solavanco, gerar o futuro: assim concebido, ele é uma transição, uma passagem, um caminhar de um tempo a outro, que garante a continuidade. Bem diverso é o significado do presente para o historiador materialista, vale dizer, para aquele que assumiu o ponto de vista dos derrotados ou oprimidos. Para este, o presente não é o ponto de transição para o futuro, mas o momento da interrupção da continuidade histórica e a ocasião para a recuperação ou redenção do passado. O presente, dessa perspectiva, "é um agora no qual se infiltram estilhaços do messiânico" (BENJAMIN, 1985, p. 232, apêndice 1).

A história narrada pelos vencedores tende a promover o esquecimento das lutas e conflitos de classes do passado e, com essa estratégia, apresentar como obra sua tanto a construção da sociedade quanto a produção dos mais diversos bens culturais. A crítica de Benjamin capta essa sua dimensão mistificadora, configurada pela pretensão de narrar uma história monumental, capaz de atestar a construção de uma sociedade que elimina progressivamente a barbárie. Mas a barbárie atinge também "o processo de transmissão da cultura", obrigando os vencidos a adotar uma atitude de radical desconfiança em relação ao processo de transmissão da cultura e da tradição, vale dizer, aos modos predominantes de narrar o passado ou de dele fornecer certa imagem – qualquer que seja o suporte em que tal narração ou imagem seja veiculada.

Benjamin concebe a resistência a esse processo, com uma recomendação que tem valor metodológico: "escovar a história a contrapelo". Não como um incentivo à produção de outra narrativa histórica, afeita à adoção de um tom épico e positivo que se contraponha à monumentalidade da história dos vencedores, mas como um exercício de crítica permanente, de desconfiança em relação ao discurso pleno e sem fissuras da historiografia historicista, que tudo quer abarcar e em tudo realça o suposto progresso da humanidade. Adotar essa postura pode conduzir a um modo de interromper a voz dos vencedores, retirando dela o fôlego e o ímpeto. Tal interrupção, contudo, requer uma interrupção mais radical, mais potente: requer a supressão dessa história, requer, por um ato da classe "combatente e oprimida" – que é "também o sujeito do conhecimento histórico" –, a explosão do *continuum* da história dos vencedores. Esses aparecem "como a última classe escravizada, como a classe vingadora que consuma a tarefa da libertação em nome das gerações de derrotados" (BENJAMIN, 1985, p. 228). Como sugere ainda o autor: não se trata aqui de acelerar a locomotiva da história, mas sim de puxar o freio de emergência dessa locomotiva, fazendo-a saltar para fora dos trilhos. O importante é interromper a história, a fim de destruir nela o mecanismo que garante a opressão e o poder de uma classe sobre as demais.

A crítica à noção de progresso implica ainda uma crítica radical à concepção tradicional do tempo, caracterizado pelas correntes historicistas como homogêneo, vazio, contínuo, caminhando inexoravelmente em direção a um progresso infinito, que culminaria com a realização da história universal. Com as *Teses sobre a filosofia da história*, Benjamin procurou superar tal concepção, contrapondo a ela uma nova maneira de conceber o tempo a partir da experiência do "agora", entendida como "detenção messiânica do presente", que objetiva fazer saltar o "*continuum* da história".

A Tese 9 condensa largamente o espírito do texto, exemplar para a concepção alegórica de Benjamin: nem mesmo a Tese 1 – dedicada ao boneco e ao anão corcunda, mestre do xadrez – lhe seria comparável. A exemplo dessa, ela consuma um tipo de relação entre o ensaio filosófico-historiográfico com a arte: se, na Tese 1, o texto apropriado e refuncionalizado por Benjamin é o de um conto de E.A. Poe, nessa ele concebe uma interpretação livre da gravura de Paul Klee intitulada *Angelus Novus* (estando entre seus pertences, ela foi entregue a Gershon Scholem, por vontade expressa de Benjamin, depois de sua morte). Essa interpretação lhe permitiu elaborar uma linguagem imagética carregada de tensão dialética, capaz de produzir no leitor um "choque" semelhante ao experimentado pelo espectador cinematográfico.

Para Benjamin, a figura do *Angelus Novus* é a do "anjo da história ", que parece representar a classe "combatente e oprimida". De qualquer modo, trata-se do anjo, não do Messias, uma vez que ele, como se vê, é impotente. Está com as asas abertas, pronto para o voo, olhando fixamente adiante. Tem os olhos escancarados, a boca dilatada. A narração é elaborada a partir de sua perspectiva, embora o texto faça referência a outra: "[...] onde nós vemos uma cadeia de acontecimentos, ele vê uma catástrofe única [...]" (BENJAMIN, 1985, p. 226). O "nós", ao que parece, se refere ao social-democrata ou ao adepto do historicismo – em qualquer uma de suas variantes – vista a paisagem da história como "uma cadeia de acontecimentos": ótica que faz dela o palco de fatos interligados, oferecendo a ilusão de que tudo o que nela acontece pareça "natural" – ou não seja, ao menos, digno de espanto. Bem diversa, porém, é a visão do anjo. Ele tem os olhos postos adiante – isto é, para o passado – e vê uma "catástrofe única": quer parar "para acordar os mortos e juntar os fragmentos". Quer interromper o *continuum* da "cadeia de acontecimentos". Sua meta é eliminar a catástrofe e recompor a vida, "despertar os mortos" para, por meio da reconstrução do que foi, realizar o estado de felicidade. No entanto, é impotente para tal ato: contra a sua vontade, é impedido de cerrar as asas ao mesmo tempo em que é impelido para trás – para o futuro – por uma "tempestade a que chamamos de progresso". A ação que redimiria a si próprio e a todo cenário de ruínas, que – não sem horror – é forçado a contemplar, seria deter o tempo, interromper a continuidade da história dos vencedores. Recuperar o passado significaria assim impedir que o futuro do presente se realize.

O anjo da história experimenta, assim, uma situação paradoxal, impotente que é para a realização de tal proeza. Nesse sentido, talvez ele esteja bem mais próximo da figura que denuncia o sofrimento do que daquela que verdadeiramente o suprime. Ele é a testemunha de acusação da barbárie implicada na história dos vencedores e, enquanto tal, aquele que impede o esquecimento das atrocidades cometidas. Ele torna possível esperarmos a ação efetivamente capaz de redimir todo o passado, e que pode ocorrer a qualquer momento, visto "que cada segundo era a porta estreita pela qual podia penetrar o Messias" (BENJAMIN 1985, p. 232, apêndice 2).

Essa concepção de história não é apenas uma crítica radical do progresso e da noção tradicional de tempo que o sustenta, posto que ambos se vinculam à catástrofe, à morte e à ruína. É também, como crítica que destrói e supera, a liquidação das concepções de história que se rendem a tal categoria, e que, por isso, acabam até mesmo por aceitar acriticamente o sofrimento e a barbárie como fatos constitutivos da história. Nesse sentido, essas teses são a mais poderosa crítica formulada não só ao historicismo, mas, sobretudo à concepção hegeliana da história e de todas as filosofias da história dela tributárias: dentre essas, certa vertente do próprio marxismo.

Referências

Obras de Walter Benjamin (em alemão)

Abhandlungen [Tratados], 1974 [Org. de R. Tiedemann e H. Schweppenhauser].

Aufsätze, Essays, Vorträge [Textos, ensaios, conferências], 1977 [Org. de R. Tiedemann e H. Schweppenhauser].

Das Passagen-Werk [O trabalho das *Passagens*], 1982 [Org. de R. Tiedemann].

Gesammelte Schriften [Escritos reunidos]. 7 vols. Frankfurt: Suhrkamp [Org. de R. Tiedemann e H. Schweppenhauser].

Obras de Walter Benjamin publicadas no Brasil

A Modernidade e os modernos. Rio de Janeiro: Tempo Brasileiro, 1975 [Trad. de H.K. Mendes da Silva, A. Brito e T. Jatobá].

"A obra de arte na época de sua reprodutibilidade técnica". *Revista Civilização Brasileira*, ano IV, n. 19-20, 1968. Rio de Janeiro: Civilização Brasileira [Trad. do francês de C.N. Coutinho].

"A obra de arte na época de sua reprodutibilidade técnica". *Teoria da cultura de massa*. Rio de Janeiro: Saga, 1969 [Org. de L. Costa Lima].

"A obra de arte na época de suas técnicas de reprodução". *A ideia do cinema*. Rio de Janeiro: Civilização Brasileira, 1969 [Seleção, trad. do francês e prefácio de J.L. Grünewald] [2. ed., 1975].

"A obra de arte na era de sua reprodutibilidade técnica". *Obras escolhidas de Walter Benjamin*. Vol. I, São Paulo, 1985 [Trad. de S.P. Rouanet].

"A obra de arte no tempo de suas técnicas de reprodução". *Sociologia da arte IV*. Rio de Janeiro: Zahar, 1969 [Org. de G. Velho].

A tarefa do tradutor. Rio de Janeiro: Uerj, 1992 [*Cadernos de Mestrado/Literatura*, n. 1] [Trad. coletiva].

Benjamin, Adorno, Horkheimer, Habermas. São Paulo: Abril, 1975 ["A obra de arte na época de suas técnicas de reprodução" [Trad. de J.L. Grünewald]; "Sobre alguns temas em Baudelaire" [Trad. do italiano de E.A. Cabral e J.B.O. Damião]; "O narrador" [Trad. de M. Carone]; "O Surrealismo" [Trad. de E.T. Rosenthal]] [Coleção Os Pensadores].

Benjamin e a obra de arte – Técnica, imagem e percepção. Rio de Janeiro: Contraponto, 2012 [Org. e notas de D. Schöttker; Ensaios de M. Hansen e Susan Buck-Morss].

Correspondência, 1933-1940, de Walter Benjamin e Gershom Scholem. São Paulo: Perspectiva, 1993 [Trad. de N. Soliz].

Diário de Moscou. São Paulo: Cia. das Letras, 1989 [Org. de G. Smith; Prefácio de G. Scholem; Trad. de H. Herbold].

*Documentos de cultura, documentos de barbárie.*São Paulo: Cia. das Letras, 1989 [Org. e apres. de W. Bolle; Trad. de C.H.M. Ribeiro de Souza et al.].

Ensaios reunidos – Escritos sobre Goethe. São Paulo: Duas Cidades/Ed. 34, 2009 [Trad. de M.K. Bornebusch, I. Aron e S. Camargo; Supervisão e notas de M.V. Marzari] [Coleção Espírito Crítico].

Haxixe. São Paulo: Brasiliense, 1984 [Apres. de O.C.F. Matos; Trad. de F. Menezes e C.N. Coutinho].

O conceito de crítica de arte no Romantismo Alemão. São Paulo: Iluminuras/Edusp, 1993 [Trad., prefácio e notas de M. Seligmann-Silva] [2. ed., 1999].

"O sentido da linguagem no drama (Lutilúdio) e na tragédia (Trauerspiel), destino e caráter". *Peter Szondi e Walter Benjamin*: ensaios sobre o trágico. Vol. II. Rio de Janeiro: Uerj, 1994 [Org. de K. Rosenfield; Trad. de K. Rosenfield e C. Werner] [Cadernos do Mestrado/Literatura, n. 12].

Obras escolhidas I – Magia e técnica, arte e política. São Paulo: Brasiliense, 1985 [Trad. de S.P. Rouanet; Pref. de J.M. Gagnebin].

Obras escolhidas II – Rua de mão única: Infância em Berlim por volta de 1900 – Imagens do pensamento. São Paulo: Brasiliense, 1987 [Trad. de R.R. Torres Filho e J.C.M. Barbosa] [5. ed., 1995].

Obras escolhidas III – Charles Baudelaire: um lírico no auge do capitalismo. São Paulo: Brasiliense, 1989 [Trad. de J.C.M. Barbosa e H.A. Baptista] [3. ed., 1995].

Origem do drama barroco alemão. São Paulo: Brasiliense, 1984 [Trad., apresentação e notas de S.P. Rouanet].

Origem do drama trágico alemão. Belo Horizonte: Autêntica, 2011 [Trad. e notas de João Barrento].

"Paris, capital do século XIX". Teoria da Literatura em suas fontes. Rio de Janeiro: Francisco Alves, 1975 [Org. de L.C. Lima; Trad. do francês de M.C. Londres. Rio de Janeiro: Francisco Alves [2. ed., 1983].

Passagens. Belo Horizonte/São Paulo: UFMG/Imprensa Oficial do Estado de São Paulo, 2006 [Introdução de R. Tiedemann; Coordenação da edição brasileira de W. Bolle; Posfácio de O.C.F. Matos e W. Bolle; Trad. do alemão de I. Aron; Trad. do francês de C.P.B. Momão].

Rua de mão única – Infância berlinense: 1900. Belo Horizonte: Autêntica, 2013 [Trad. e notas de J. Barrento].

Sobre Walter Benjamin

BENJAMIN, A. *Arte, mimesis and the Avant-garde*. Londres: Routledge, 1991.

BOLLE,W. *Fisiognomia da metrópole moderna* – Representação da história em Walter Benjamin. São Paulo: Edusp/Fapesp, 1994.

BUCK-MORSS, S. *Dialética do olhar* – Walter Benjamin e o projeto das *Passagens*. Belo Horizonte: UFMG, 2002 [Trad. de A.L. Andrade].

BÜRGER, P. *Teoria da Vanguarda*. Campinas: Unicamp, 1989 [São Paulo: Cosac Naify, 2008] [Dissertação de mestrado] [Trad. de J.P. Antunes].

CAYGILL, H. (1998). *Walter Benjamin*: The Colour of Experience. Londres: Routledge.

CHAVES. E.P. *Mito e história*: um estudo da recepção de Nietzsche em Walter Benjamin. São Paulo: FFLCH-USP, 1993 [Tese de doutorado].

EILAND, H. & JENNINGS, M.W. *Walter Benjamin*: A Critical Life. Cambridge, MA/Londres: Harvard University Press, 2014.

FRANCO, R. "O cinema e a liquidação da arte aurática". In: LOUREIRO, R. & ZUIM, A. (orgs.). *A Teoria Crítica vai ao cinema*. Vitória: Edufes, 2009.

_____. "De Baudelaire ao *bang-jump*". In: PEDROSO, L. & BERTONI, L. (orgs.). *Indústria cultural e Educação*. Araraquara: JM/FCL/Unesp, 2002.

GAGNEBIN, J.M. *História e narração em Walter Benjamin*. São Paulo: Perspectiva/Fapesp/Unicamp, 1994.

_____. *Walter Benjamin*: os cacos da história. São Paulo: Brasiliense, 1982.

INVERNEL, P. "Paris capitale du Front populaire ou la vie posthume du XIXe siècle". In: WIS-

MANN, H. (org.). *Walter Benjamin et Paris*. Paris: Cerf, 1986, p. 249-272.

JAMESON, F. *Marxismo e forma*: teorias dialéticas da literatura no século XX. São Paulo: Hucitec, 1985.

JENNINGS, M. "Walter Benjamin y la vanguardia europea". In: USLENGHI, A. (org.). *Walter Benjamin*: culturas de la imagen. Buenos Aires: Eterna Cadencia, 2010.

_____. *Dialetical images*: Walter Benjamin's Theory of Literary criticism. [s.l.]: Cornell University Press, 1987.

KAMBAS, C. "Actualité politique: le concept de Histoire chez Benjamin et e'echec du Front Populaire". In: WISMANN, H. (org.). *Walter Benjamin et Paris*. Paris: Cerf, 1986, p. 273-284.

KONDER, L. *O marxismo da melancolia*. Rio de Janeiro: Campus, 1988.

KOTHE; F.R. *Benjamin* & *Adorno*: confrontos. São Paulo: Ática, 1978.

_____. *Para ler Benjamin*. Rio de Janeiro: Francisco Alves, 1976.

LAGES, S.K. *Walter Benjamin*: tradução & melancolia. São Paulo: Edusp, 2002.

LÖWY, M. "Walter Benjamin critique du Progres: a la recherche de l'experience perdue". In: WISMANN, H. (org.). *Walter Benjamin et Paris*. Paris: Cerf, 1986, p. 629-640.

LUKÁCS, G. *Teoria do Romance*. São Paulo: Duas Cidades/Ed. 34, 2000.

_____. "Trata-se do realismo!" *Debate sobre o expressionismo*. São Paulo: Unesp, 1996, p. 195-232.

_____. *História e consciência de classe*. Rio de Janeiro: Elfos, 1989.

_____. *Realismo crítico hoje*. Brasília: Coordenada, 1969.

_____. *Ensaios sobre el realismo*. Buenos Aires: Sigloveinte, 1965.

MATOS, O.C.F. *O Iluminismo visionário*: Benjamin, leitor de Descartes e Kant. São Paulo: Brasiliense, 1993.

MAURA, E. *Las teorias críticas de Walter Benjamin*. Barcelona: Bellaterra, 2013.

MERQUIOR, J.G. *Arte e sociedade em Marcuse, Adorno e Benjamin*. Rio de Janeiro: Tempo Brasileiro, 1969.

MISSAC, P. *Passagem de Walter Benjamin.* [s.l.]: Iluminuras, 1998 [Trad. de L. Escorel].

MURICY, K. *Alegorias da dialética*: imagem e pensamento em Walter Benjamin. Rio de Janeiro: Relume-Dumará, 1999.

OSBORNE, P. "Vitórias de pequena escala, derrotas de grande escala: a política do tempo". In: OSBORNE, P. & BENJAMIN, A. *A filosofia de W. Benjamin*. Rio de Janeiro: Zahar, 1997.

OSBORNE, P. & BENJAMIN, A. *A filosofia de Walter Benjamin*. Rio de Janeiro: Zahar, 1997.

ROCHLITZ, R. *A filosofia de Walter Benjamin*: o desencantamento da arte. Bauru: Edusc, 2003.

ROUANET, S.P. *Édipo e o anjo* – Itinerários freudianos na obra de Walter Benjamin. Rio de Janeiro: Tempo Brasileiro, 1981 [2. ed., 1990].

SELIGMANN-SILVA, M. (org.). *Leituras de Walter Benjamin*. São Paulo: Annablume/Fapesp, 1999.

USLENGHI, A. (org.). *Walter Benjamin*: culturas de la imagen. Buenos Aires: Eterna Cadencia, 2010.

VEDDA, M. (org.). *Constelaciones dialéticas* – Tentativas sobre Walter Benjamin. Buenos Aires: Herramienta, 2008.

Walter Benjamin. São Paulo: Ática, 1985 [Introdução e antologia de F.R. Kothe] [Coleção Grandes Cientistas Sociais].

WITTE, B. *Walter Benjamin*: uma biografia. Barcelona: Gerisa, 1990 [Trad. de A.L. Bixio].

COLEÇÃO 10 LIÇÕES
Coordenador: *Flamarion Tavares Leite*

– *10 lições sobre Kant*
Flamarion Tavares Leite
– *10 lições sobre Marx*
Fernando Magalhães
– *10 lições sobre Maquiavel*
Vinícius Soares de Campos Barros
– *10 lições sobre Bodin*
Alberto Ribeiro G. de Barros
– *10 lições sobre Hegel*
Deyve Redyson
– *10 lições sobre Schopenhauer*
Fernando J.S. Monteiro
– *10 lições sobre Santo Agostinho*
Marcos Roberto Nunes Costa
– *10 lições sobre Foucault*
André Constantino Yazbek
– *10 lições sobre Rousseau*
Rômulo de Araújo Lima
– *10 lições sobre Hannah Arendt*
Luciano Oliveira
– *10 lições sobre Hume*
Marconi Pequeno
– *10 lições sobre Carl Schmitt*
Agassiz Almeida Filho
– *10 lições sobre Hobbes*
Fernando Magalhães
– *10 lições sobre Heidegger*
Roberto S. Kahlmeyer-Mertens
– *10 lições sobre Walter Benjamin*
Renato Franco
– *10 lições sobre Adorno*
Antonio Zuin, Bruno Pucci e Luiz Nabuco Lastoria
– *10 lições sobre Leibniz*
André Chagas
– *10 lições sobre Max Weber*
Luciano Albino
– *10 lições sobre Bobbio*
Giuseppe Tosi

- *10 lições sobre Luhmann*
  Artur Stamford da Silva
- *10 lições sobre Fichte*
  Danilo Vaz-Curado R.M. Costa
- *10 lições sobre Gadamer*
  Roberto S. Kahlmeyer-Mertens
- *10 lições sobre Horkheimer*
  Ari Fernando Maia, Divino José da Silva e Sinésio Ferraz Bueno
- *10 lições sobre Wittgenstein*
  Gerson Francisco de Arruda Júnior
- *10 lições sobre Nietzsche*
  João Evangelista Tude de Melo Neto
- *10 lições sobre Pascal*
  Ricardo Vinícius Ibañez Mantovani
- *10 lições sobre Sloterdijk*
  Paulo Ghiraldelli Júnior
- *10 lições sobre Bourdieu*
  José Marciano Monteiro
- *10 lições sobre Merleau-Ponty*
  Iraquitan de Oliveira Caminha
- *10 lições sobre Rawls*
  Newton de Oliveira Lima
- *10 lições sobre Sócrates*
  Paulo Ghiraldelli Júnior